Nuevos dramas para Navidad y Semana Santa

Compilados y editados por
Alicia Zorzoli

Editorial Mundo Hispano

EDITORIAL MUNDO HISPANO
7000 Alabama Street, El Paso, Texas 79904, EE. UU. de A.

www.editorialmh.org

Nuestra pasión: Comunicar el mensaje de Jesucristo y facilitar la formación de discípulos por medios impresos y electrónicos.

Editora: Alicia Zorzoli
Diagramación de páginas: Néaouguen Nodjimbadem
Diseño de la cubierta: Jorge Rodríguez

Primera edición: 2008
Clasificación Decimal Dewey: 268.671
Tema: Dramas: Navidad, Semana Santa

ISBN: 978-0-311-07017-6
EMH Núm. 07017

3 M 8 08

Impreso en Colombia
Printed in Colombia

CONTENIDO

Primera parte: Navidad

Segunda parte: Semana Santa

Prólogo

Hay dos momentos históricos que son trascendentales para la fe cristiana: el nacimiento de nuestro Señor Jesucristo, y la semana de su pasión y resurrección.

El pueblo de Dios siempre ha celebrado con alegría ambos eventos. El niño de Belén trajo al mundo la realidad de Emanuel: Dios con nosotros. Y la muerte y resurrección del Señor estableció el camino para la restauración de la relación entre Dios y los hombres. En esas celebraciones, las presentaciones musicales y los dramas ocupan un lugar especial. La música nos eleva, nos inspira a meditar en esos sucesos y nos mueve a rendirnos ante el Rey de reyes y Señor de señores. El drama pone en funcionamiento nuestra imaginación al transportarnos visualmente al escenario de esos eventos tan preciados y nos mueve a tomar una decisión personal respecto a su personaje central.

La cultura hispanoamericana es muy amante del teatro y el drama contando con una vastísima gama de ilustres dramaturgos en su haber. Para el cristiano, esta rama del arte tiene una motivación mucho más profunda que la del mero entretenimiento. El drama cristiano se convierte en un sermón visual que lleva al espectador a responder al movimiento del Espíritu Santo obrando en su corazón a través de la presentación.

Los dramas aquí presentados fueron escritos por autores hispanoamericanos y todos ellos cuentan con el aval de haber sido presentados con mucho éxito en diferentes escenarios.

Quiera el Señor usarlos para que, a través de la vista, el oído y las emociones, muchas personas lleguen a tener un encuentro personal con Aquel que es el centro y la razón de ser de cada uno.

PRIMERA PARTE: NAVIDAD

ÉL VINO A DARNOS PAZ

Carol Ann Martínez

OBRA EN SEIS ACTOS

PERSONAJES:

Érica
Susana (amiga de Érica)
Carlos (esposo de Érica)
Celeste (niña de 9 ó 10 años, hija de Carlos y Érica)
Marta (suegra de Érica)
Alejandra (hermana de Érica)
Novio de Alejandra
Médico
Otros jóvenes
Enfermera
Pastor

VIDEO: Este video debe mostrar una escena típica de las prisas y el estrés de la Navidad (las largas filas, el tráfico, etc.). Si es posible, incluir en la escena a Érica y Susana subiéndose al auto y discutiendo nerviosas.

PRIMER ACTO

(Entran Érica y Susana a la sala, cargadas de regalos y paquetes. Ambas casi tiran los regalos, caen al sofá y arrojan los zapatos al piso).

ÉRICA *(dándose masaje a los pies).* —¡Estoy tan cansada! ¡No creo que aguante muchos más días de estos!

SUSANA. —Pues, más vale que te vayas llenando de fuerzas, porque todavía faltan varios días para Navidad...

ÉRICA. —¡Ni me lo digas! Porque todavía me falta comprar todo lo de la cena, hornear galletitas y pasteles...

SUSANA. —¡Espera! ¿Cómo que tú vas a hornear galletitas y pasteles? ¿Y eso desde cuándo? ¿Tus suegros van a salir de la ciudad, o qué?

ÉRICA. —¡Bueno fuera! Pues no, déjame que te cuente. Resulta que, por ser temporada difícil para los albañiles, mis suegros consiguieron buen descuento para hacer la remodelación a su casa justo en estos días, así que su casa está patas para arriba. Entonces, como no pueden tener la cena en su casa, ¿adivina a quién le tocó?

SUSANA. —¡No te creo! ¿Vas a tener que hacer absolutamente todo?

ÉRICA. —Bueno, eso ya fue elección mía… ¡Por fin después de 11 años de casada voy a sentir que tengo algo de control en el asunto! ¡Cada Nochebuena ha sido pura amargura para mí, con esa señora que nunca ha querido soltar nada, y luego se hace la víctima quejándose de que tiene nueras que no sirven para nada! ¡Pues ahora yo le voy a demostrar quién es quién! Además, es la primera Navidad en nuestra casa nueva y quiero que vean lo bonito que la he decorado. Por fin, en esta ocasión, ¡me voy a lucir, Susana!

SUSANA. —¡Pues, buena suerte! Ese, cuando menos, fue uno de los beneficios desde que Jorge me dejó por la otra… ¡ya no tengo suegra!

ÉRICA. —¡Y a propósito… ¿qué vas a hacer, entonces, este año?

SUSANA. —Todavía no lo decido. Por supuesto que mis padres quieren que vaya con ellos, pero como que estar entre todos mis hermanos y sus parejas y niños creo que me va a remover los sentimientos. A lo mejor me voy de viaje y me busco un hombre por un par de noches, o simplemente me quedo en casa y me doy una buena emborrachada como para no volver a la conciencia hasta unos dos días después. La verdad es que no me entusiasma esta fiesta que se aproxima.

ÉRICA. —¡Pues estás invitada aquí! ¡Me puedes ser un gran apoyo!

SUSANA. —Gracias, pero no me comprometo. Dame tiempo para pensar.

ÉRICA. —Te entiendo. No creas que estoy tan contenta y emocionada como aparento estar... Es mi primera Navidad sin mi mamá cerca y, la verdad, la extraño mucho. ¡Yo sé que ella me ayudaría en todo si estuviera aquí!

SUSANA. —¿Y por qué no viene para estas fechas?

ÉRICA. —Pues, según esto, dice que no puede. Ya ves que su nuevo marido se la llevó a vivir a otro país, y él insiste en que si se vienen para acá se echan a perder los trámites para sus papeles. Pero todo se puede... ¡a mí me parece que ese señor simple y sencillamente no la quiere compartir con nosotros!

SUSANA. —¿En serio? ¿Crees que él sería capaz de eso?

ÉRICA. —A lo mejor no, pero la verdad es que me cuesta adaptarme a la idea de que mi mamá no va a estar; que hay alguien más en su vida ahora. Desde que mi papá nos dejó cuando yo era muy niña, mi mamá nos insistió a mí y a mis hermanos que ella nunca nos dejaría, que nosotros seríamos los únicos a quienes amaría y cuidaría... ¡y ahora esto!

SUSANA. —¡Érica! ¿No te parece que estás exagerando? ¡Ya eres una mujer bastante grandecita!

ÉRICA. —Yo sé… no me hagas caso. Mejor, ¡déjame mostrarte todas mis compras!

SUSANA. —¡Eso sí que me gusta!

ÉRICA *(se levanta, abre cajas y bolsas, y muestra una variedad de cosas para hombre, mujer, niñas, etc., mientras comentan. Muestra una blusa u otra cosa muy bonita).* —¡Esta blusa casi me cuesta la vida!

SUSANA. —¡O cuando menos el peinado! Yo vi cómo te peleaste con la otra señora. ¡Casi se arrancan el pelo! ¿Por qué tanto espectáculo?

ÉRICA. —Bueno, tampoco exageres. ¡Es que tengo años queriendo una blusa de este color… y luego, tan rebajada de precio. Yo ya la tenía cuando la otra vieja me la quiso quitar. ¿Crees que me iba a dejar?

SUSANA *(con ironía).* —¡Las fiestas alegres!

ÉRICA *(saca algo muy costoso y fino: un suéter, adorno, perfume, etc.).* —Y esto se lo compré a la tía Clementina.

SUSANA. —¿No es que tu tía te caía mal? ¡Siempre me estás hablando de las ocurrencias e indiscreciones de ella!

ÉRICA. —Lo sé… pero ella siempre me da regalos muy buenos, así que estoy comprometida a comprarle algo por el estilo. Además, con ella es como una inversión: siempre está compitiendo conmigo, así que si yo le compro algo de quinientos pesos, puedo asegurarme de que para mi cumpleaños ella me comprará algo de ochocientos… o si le fue bien en sus ventas de zapatos, ¡hasta de mil!

CARLOS *(entra dando gritos. Viene cargado de una bolsa pesada y la deja sobre la mesa).* —¿Mil pesos? ¿En qué gastaste mil pesos? *(Mira todos los paquetes).* ¿Y todo esto qué? Érica: ¿cuánto gastaste? ¡Me vas a dejar en la bancarrota!

ÉRICA. —No exageres; además, la mayoría de estas cosas son para tu familia.

CARLOS. —¡No me andes con cuentos! ¡Todavía no acabo de saldar las tarjetas del año pasado… y ahora me estás cargando con más!

ÉRICA. —¡No empieces! Muchas de estas cosas las cargué a mis cuentas personales de las tiendas… y además, ¡no has dejado de presumirte del gran aumento que estás a punto de recibir cuando te promuevan en tu trabajo! Por cierto… ¿qué traes en la bolsa? *(Ella se asoma y saca dos botellas).*

ÉRICA. —¡Carlos! ¡No lo puedo creer! ¡Quedamos en que este año tú y tus hermanos no iban a tomar tanto! ¡Esta es la tercera bolsa de licores que traes esta semana!

SUSANA. —¡Uau! Entonces, si me quiero emborrachar, no lo tengo que hacer en mi casa, a solas.

ÉRICA. —No, Susana, no es hora de chistes. ¡Esto es en serio! *(Sigue examinando las botellas).* ¡Y todos son licores importados! Tú me reclamas por los regalos, pero apuesto a que has gastado más en esto. ¿Sabes qué? Si esta vez en mi casa va a ser igual que en casa de tu mamá, y todos van a tomar y van a salir peleándose, ¡ni me voy a molestar en hacer cena!

CARLOS. —¡Ajá! Mi mamá me dijo que de alguna manera

encontrarías un pretexto para zafarte de la responsabilidad... ¡Tenía razón cuando me dijo que investigara restaurantes con salones privados para irnos a celebrar allí!

ÉRICA. —¿Con eso salió tu madre? ¿Cómo se atreve? *(Sigue con su enojo, pero hablando al cielo o a la audiencia).* ¡Uf! Eso de que la Navidad es la mejor época del año no es cierto... ¡es la peor! ¡No sé ni para qué inventaron la Navidad!

CELESTE *(entra emocionada. Ha escuchado la frase final, pero no se ha dado cuenta de todos los dramas preliminares).* —¡Yo sí sé por qué inventaron la Navidad! Fue para celebrar el nacimiento del niño Jesús que vino a traer paz en la tierra y buena voluntad para con los hombres.

ÉRICA *(distraída).* —Sí, mi hija. *(Irónicamente).* ¡Sí, sobre todo, la Navidad nos trae paz y buena voluntad los unos con los otros! ¡Bueno fuera!

CELESTE. —Sí, mami. ¡A eso vino Jesús!

CARLOS. —¿Y ésta qué? ¿Por qué de repente tan religiosa?

ÉRICA. —¡Déjala! Es que los domingos está acompañando a mi hermana Alejandra a una iglesia cristiana.

CARLOS. —¿Y por qué hasta ahora me estoy enterando? ¡Tú no me pediste permiso!

ÉRICA. —Mira, ¡no te quejes, porque ni cuenta te habías dado! Si no te fueras tan temprano al fútbol todos los domingos, sería otra historia.

CARLOS. —¿Y no que te caía mal tu hermana desde que se volvió más religiosa?

ÉRICA. —Bueno, veo que algunas cosas buenas tiene. Y, además, ¡Celeste es una niña! ¡Le hace bien recibir algo de religión! Yo de niña siempre iba a la iglesia los domingos.

CARLOS *(cínico)*. —¡Se te nota! Está bien… que siga yendo, pero no quiero que ella entre aquí con ideas raras como las de tu hermana.

ÉRICA. —Carlos, ¡tiene nueve años! ¿Qué mal nos puede hacer?

SEGUNDO ACTO

(Érica está en la mesa batiendo masa, o envolviendo regalos. Se muestra muy ocupada y frustrada. Está hablando por teléfono mientras lo hace).

ÉRICA. —Susana, ¡ya no hallo la puerta! ¡Nunca me imaginé que lucirme ante la familia de Carlos me haría sufrir tanto! Luego, se me ocurrió adelantarme hoy con los pasteles y las galletas, y acabo de darme cuenta de que hay unas ventas increíbles en los centros comerciales hoy que debería aprovechar para los regalos que me faltan. *(Espera un momento como escuchando a alguien que le está hablando del otro lado).* No, no puedo ir mañana porque vienen a limpiarme las alfombras. *(Espera otro rato).* ¡Tienes toda la razón! Nunca llegaré a tiempo si me espero hasta terminar de hornear todo esto. Además, el año pasado fui a comprarlos en domingo y duré una hora buscando estacionamiento. ¡Mañana o el martes será, ni modo! ¡Y pensar que hago todo esto para gente que ni siquiera lo agradece! Apenas puedo esperar a que llegue el 24 para acabar con todo esto y descansar. *(Entra Celeste).* Te dejo, Susana. Acaba de llegar Celeste de su iglesia. Adiós.

CELESTE *(llega y le da un beso).* —¡Hola, mami! *(Se saludan).* ¡Mami, ¿sabes qué? ¡Voy a tener una parte en el drama de Navidad!

ÉRICA. —¿Drama? ¿Cuál drama? Mi hija, apenas faltan cuatro días, y yo tengo demasiado que hacer como para andar llevándote a ensayos…

CELESTE. —No te preocupes, mi tía Alejandra me va a llevar… ¡es que voy a ser un ángel! ¡Vamos a ser muchos ángeles, y vamos a cantar y anunciar a los pastores la llegada del niño Jesús!

ÉRICA *(se ve distraída, pero como que está haciendo un esfuerzo por escuchar a su hija).* —¿Y qué es lo que van a cantar?

CELESTE *(empieza a cantar con mucha alegría).* —¡Paz en la tierra! ¡Paz en la tierra! Cristo vino a traer gozo, paz y buena voluntad.

ÉRICA. —¡Y dale con eso de la paz en la tierra! ¿Por qué mejor no les enseñan algo que sea real?

CELESTE. —¡Es que sí es cierto, mami! Mira, ¡mi tía Alejandra me compró un libro que explica todo acerca de por qué vino Jesús al mundo! ¡Léemelo!

ÉRICA. —¡No seas ocurrente! ¡Tú ya estás muy grande como para que yo te lea!

CELESTE. —¡Es que quiero leerlo junto contigo! ¡Ándale, mami! ¡No has hecho nada conmigo estos días!

ÉRICA. —Está bien, por diez minutos, mientras se calienta el horno. *(Toma el libro que le da Celeste y comienza a leérselo).*

El pueblo que andaba en la oscuridad vio una gran luz; una luz ha brillado para los que vivían en tinieblas. Señor, has traído una gran alegría; muy grande es el gozo. Todos se alegran delante de ti. Porque nos ha nacido un niño, Dios nos ha dado un hijo. Y le darán estos nombres: Admirable en sus planes, Dios invencible, Padre eterno, Príncipe de la paz... y la paz no se acabará.*

CELESTE. —Mami, no entiendo todo. ¿Qué tiene que ver todo esto con Jesús?

ÉRICA. —Bueno, mi hija. No sé mucho de esto... ¡han pasado muchos años desde que he leído acerca del nacimiento de Jesús! Pero, según esto, cuando Jesús vino fue para traer a todo el mundo mucha luz, alegría y paz.

CELESTE. —Entonces, ¿por qué no hay alegría en esta casa? ¿Y por qué tú, papi y mi abuela siempre están discutiendo? ¡Yo no veo que hay mucha paz y buena voluntad!

ÉRICA. —Es que... *(titubeando, va pensando mientras habla)*... es que es paz en general... para toda la tierra. ¡Pero no quiere decir que sea para todos!

CELESTE. —¡Pero yo quiero paz y alegría aquí! ¡Tal como cantaban los ángeles que dijeron que habría paz y buena voluntad para con todos los hombres!

ÉRICA. —¡Ay, mi hija! ¿Qué te puedo decir? Pues, ¡sigue cantando la cancioncita que te enseñaron para los ángeles, y a ver si algo se nos pega!

CELESTE. —¡Eso es lo que voy a hacer! *(Empieza a tararear la canción).*

ÉRICA *(a la audiencia).* —¡Luz! ¡Alegría! ¡Paz! ¡Buena voluntad para con todos! ¡Celeste tiene razón! Aunque viene en la Biblia, y se supone que es verídico, ¡no tiene nada que ver con nosotros! A veces me pregunto, ¿realmente para qué vino Jesús a la tierra?

(Entra el papá… trae ropa deportiva y se ve cansado).

CELESTE *(llega corriendo para abrazarlo).* —¡Papi! ¡Papi! ¡Voy a ser un ángel!

CARLOS *(rechazándola).* —No te me acerques demasiado, niña, que ando todo sudado y lleno de tierra.

ÉRICA *(indignada).* —¡Carlos! ¡Hazle caso a tu hija aunque sea dos minutos!

CARLOS *(mirándola molesto).* —¡No empieces! *(Luego voltea con Celeste, de una manera más consecuente).* Sí, hija, ¿qué era lo que me estabas diciendo?

CELESTE *(muy emocionada).* —¡Que voy a ser un ángel en el drama de la iglesia!

CARLOS. —¿Ah, sí? ¿Y cuándo va a ser este drama?

CELESTE. —¡En Nochebuena! ¡Y voy a cantar! *(Empieza a cantar el estribillo).*

CARLOS *(voltea hacia Érica).* —¡Supongo que ya le dijiste que no va a poder participar!

ÉRICA. —No, ¿por qué no?

CARLOS. —¿No la estás escuchando! ¡Es en Nochebuena! ¡Es la noche de la cena! ¡Cómo se les ocurre tener algo entonces!

CELESTE *(interviene).* —Pero Papi, es temprano… ¡a las siete! ¡No va a interrumpir la cena!

(Los papás discuten, mientras Celeste se queda mirándolos).

CARLOS. —Érica: ¿cómo pudiste permitir esto? ¡Ya tenemos demasiado que hacer con los preparativos como para interrumpirlos para hacer algo más! ¡Ella no va a echar a perder todos nuestros planes de estar con la familia!

ÉRICA. —¡Pero está tan ilusionada! ¿Qué quieres que haga?

CELESTE. —Papi, ¡por favor! ¡Quiero hacerlo! ¡Quiero hacerlo! ¡Y quiero que ustedes vayan a verme!

CARLOS. —Mira, mi hija, si quieres participar en el drama, está bien. Que te lleve tu tía Alejandra, total, ella es la que te metió en todo esto. Pero ni tu papá ni tu mamá podemos ir, y no nos ruegues ni nos lloriquees, porque de nada va a servir.

CELESTE. —¡Papi!

CARLOS. —Ya, no se diga más.

CELESTE *(se aparta y toma otra vez su libro, como para leerlo. Mientras tanto, canta, pero un poco más tristemente).* —¡Paz en la tierra! ¡Alegría en la tierra! Jesús vino a darnos paz y alegría en la tierra.

CARLOS *(a Érica).* —¿Y esa canción, de dónde la sacó?

ÉRICA. —Es la que van a cantar los ángeles. Está en la Biblia, porque es lo que cantaron los ángeles cuando Jesús nació. ¡Paz! ¡Alegría! *(Con cierta ironía y reclamo).* Y se supone que es lo que nosotros debiéramos tener… porque es lo que Jesús trajo cuando nació.

CARLOS. —¡Por favor! ¡No empieces! ¿Sabes? Creo que esa religión no es una buena influencia para Celeste… cuando se acabe la Navidad, ya no quiero que ella vaya.

(Termina con la niña cantando).

TERCER ACTO

(Está Érica con Celeste, cosiéndole la bastilla a su traje de ángel. Entra la suegra).

CELESTE *(muy emocionada).* —¡Abuelita! ¡Voy a ser un ángel!

ABUELA *(llega y la abraza muy efusivamente).* —Sí, mi reinita. ¡Tu papi ya me lo contó! ¡Vas a ser la angelita más bella de todas! Y como tu mami va a estar demasiado ocupada para irte a ver… ¡yo sí voy a ir!

ÉRICA. —¿O sea que usted va a ser la buena de la película, y yo la mala?

ABUELA. —¡Ay, Érica! ¿Por qué eres tan amargada? *(Luego, mira las costuras).* Pero… ¿qué puntadas son estas?

ÉRICA. —Mire, doña Marta… mejor no diga nada, que le estoy haciendo el vestido entre mil cosas más.

ABUELA. —Pero Érica… un trabajo bien hecho se hace en la misma cantidad de tiempo que uno mal hecho. ¡Esto se le va a descoser enseguida! ¿Por qué no me pediste a mí? ¡Si les hice casi toda la ropa a mis tres hijas mientras que estaban en casa!

ÉRICA. —Yo lo puedo hacer… y no está tan mal…

ABUELA. —Mi hija, dame tu trajecito y yo te lo voy a arreglar en casa. *(Celeste se lo quita)*.

ÉRICA *(interviene, tomando el vestido a la fuerza)*. —¡Doña Marta! ¡Ya le dije que no!

CELESTE *(inocentemente)*. —Mami, ¡si mi abuela lo puede hacer mejor, que ella lo haga!

(Érica suelta el vestido y lo entrega, con muestra de derrota).

ABUELA. —¡Las mujeres de hoy! ¡Ya no saben hacer nada con sus propias manos! ¡Por algo nos enseñaban corte y confección en las escuelas en mis tiempos! A propósito, Érica, vine a ofrecerte ayuda para lo de la cena… y es obvio que necesitas que te ayude, así que no me digas que no.

ÉRICA *(con amabilidad excesiva e irónica)*. —Gracias, pero no la necesito, ¡creo que usted ya ha hecho más que suficiente por ahora! *(Tratando de componer la cosa)*. Además, ya quedamos en que este año usted va a tomar un bien merecido descanso.

ABUELA *(huele)*. —¿Hueles a quemado?

ÉRICA. —¡Mi pastel! *(Corre hacia la cocina, pero antes de seguir, voltea con la suegra, casi llorando).* Por favor, váyase. ¡Yo puedo con todo y se lo voy a demostrar!

(Ambas desaparecen, cada una por su lado. Celeste se queda allí, y empieza a cantar el estribillo de "¡Paz en la tierra!").

CARLOS *(entra enojado).* —Érica… ¡me encontré con mi mamá afuera llorando y me dijo que tú la corriste!

(Desaparece rumbo a la cocina donde está Érica. Mientras se oyen discutiendo al fondo, Celeste se tapa los oídos con las manos y empieza a cantar más fuerte: "¡Paz en la tierra! ¡Paz en la tierra!". Entra Alejandra con su novio).

ALEJANDRA *(se acerca a Celeste).* —¿Qué haces?

CELESTE. —¡Ay, tía! ¡Creo que no quiero actuar en el drama!

ALEJANDRA. —Pero, ¿por qué, mi reina?

CELESTE. —¡Es que no es cierto! ¡No es cierto!

NOVIO. —¿Qué es lo que no es cierto?

CELESTE. —No es cierto que Jesús vino a traer paz y alegría. Por más que yo lo digo y lo canto aquí, mis papás siempre están enojados y peleándose.

ALEJANDRA. —Es que las cosas no funcionan así, Celeste. Es cierto que Jesús nació en Belén para traer paz a todos, pero no quiere decir que ya, automáticamente, todo el mundo va a tener paz.

CELESTE. —¿Y cómo entonces?

NOVIO. —Cada persona tiene que decidir que quiere la paz que Jesús le ofrece. Y si la quiere, primero tiene que pedir perdón a Dios por todos sus pecados, y luego invitar a Jesús a venir a vivir a su corazón.

CELESTE. —O sea que, para que toda mi familia tenga paz, cada uno de nosotros tenemos que invitar a Jesús a nuestro corazón. Y cuando cada uno de nosotros tenemos paz… ¡entonces la familia tiene paz!

ALEJANDRA. —¡Exactamente! Pero es la decisión personal de cada uno.

CELESTE. —Entonces… ¡yo lo quiero hacer! Yo quiero invitar a Jesús a venir a mi corazón. *(Se pone de rodillas enfrentando al público y ora):* Dios, te doy gracias porque enviaste a Jesús a traer paz al mundo. Te pido perdón por todos mis pecados y, Señor Jesús, te invito a que entres a mi corazón. *(Luego, como una posdata).* Y Dios… te pido una cosa más… por favor, que papi, mami, mi abuelita, mi abuelito y todos mis tíos y primos también inviten a Jesús a su corazón para que mi familia esté llena de alegría y paz. ¡Amén!

CUARTO ACTO

(Érica le está probando el vestido, con alas y todo, a Celeste. Celeste, como siempre, está cantando).

ÉRICA. —¡Se te ve excelente el trajecito! La verdad, tengo que reconocer que tu abuelita te hizo muy buen trabajo.

CELESTE. —Mami, ¿seguro que tú y mi papi no me pueden ir a ver en el drama mañana, aunque sea por un ratito?

ÉRICA. —¡Ay, chiquita! ¡Cómo quisiera! ¡Créeme que quiero! Pero, como sabes, tenemos muchos invitados…

CELESTE. —Pero… ¡si hasta mi abuelita va a ir! Aunque, ¿sabes qué? Yo sé que van a ir, aunque papi dice que no.

ÉRICA. —Ah, ¿sí? ¿Y cómo es eso de que estás tan segura?

CELESTE. —¡Es que he estado orando!

ÉRICA. —¿Orando? ¿Y qué te hace estar tan segura de que Dios te va a escuchar? ¡Que yo recuerde, él no ha escuchado ninguna de mis oraciones!

CELESTE. —Pero a mí sí me escucha, porque yo invité a Jesús a venir a vivir a mi corazón. Y ahora estoy orando para que tú y papi vayan y vean que Jesús puede poner paz y alegría en sus corazones, como en el mío.

ÉRICA. —¡Ay, chiquita! ¡Eso sí que será un milagro!

(Se oye el golpe de una puerta y entra Carlos, todo deshecho).

CELESTE *(corre para abrazarlo, y él esta vez, como necesitando de un abrazo, se deja abrazar).* —¡Papi!

CARLOS. —Vete para allá, Celeste, tengo que hablar muy seriamente con tu mamá. *(Ella se aleja a la mesa, pero atenta).*

ÉRICA *(acercándose con tono de preocupación).* —¿Qué pasa, Carlos?

CARLOS. —Érica, ¡me acaban de despedir del trabajo!

ÉRICA. —¡No, Carlos! ¿Cómo es posible? ¡Si estabas esperando el ascenso que tanto te habían prometido!

CARLOS. —Pues ya… ¡todo se acabó! Resulta que vinieron a hacer una auditoría sorpresa al contador Valdés y le hallaron muchas anomalías… así que no sólo lo despidieron a él, sino a todos los que trabajamos directamente bajo él.

ÉRICA. —¡Pero no es justo! ¡Tanto que te has esforzado!

CARLOS. —¡Nada es justo! Me endeudé con esta casa nueva y el auto porque estaba tan seguro del aumento de sueldo… ¡y ahora nos vamos a quedar en la calle!

ÉRICA. —¡Y yo también gasté usando las tarjetas hasta el tope… ¡cómo pueden ser tan crueles como para hacerlo dos días antes de la Navidad! Carlos, ¿qué vamos a hacer?

CELESTE. —¡Pídanle a Dios! Jesús vino para que pudieran tener paz, buena voluntad y alegría, y él les puede ayudar!

CARLOS *(enojado le grita)*. —¿Sabes qué, Celeste? ¡Ya basta de esas tonterías! ¡Qué paz y qué alegría ni qué nada! Tu Dios le ha quitado a tu papá el trabajo, y ahora, si las cosas siguen igual de mal… ¡te vas a morir de hambre!

CELESTE. —No, papi. ¡Todo va a salir bien! ¡Por favor, si van a ver la obra mañana verás cómo Dios te puede dar paz y alegría a ti también!

CARLOS *(con furia)*. —¡Ya basta de tonterías! ¡No hay tal cosa como paz y alegría porque ni Dios existe y mucho menos Jesús! Y es más… ¡olvídate de actuar en el drama mañana! ¡Ya es tiempo de que comiences a conocer lo que es la realidad, en vez de vivir en esas fantasías religiosas!

CELESTE. —Pero, papi.

CARLOS. —¡Ya dije! Ahora, ¡vete y déjanos en paz!

(Celeste sale corriendo de la casa. Érica está llorando, y Carlos, enojado, empieza a gritar mirando al cielo).

CARLOS. —¿Así que paz y alegría, Dios? ¿Así que buena voluntad? Que lo crea una niña inocente, lo entiendo… pero ¿cómo lo cree tanta gente mayor e inteligente? Jamás lo entenderé. ¡O ni siquiera existes, o no te importamos para nada!

(De repente, desde afuera, se escucha una frenada muy fuerte de un auto y gritos. En ese instante, Érica y Carlos reaccionan y gritan: "¡Celeste!" y salen corriendo a la calle).

OPCIÓN: VIDEO. Si cuentan con equipo de video, hacer una escena en que Celeste es atropellada.

QUINTO ACTO

(Cambio de escena: una sala de hospital. La niña está inconsciente, con su cabeza vendada y con suero. Un médico la está revisando).

CARLOS. —Doctor, ¡díganos! ¿Cuándo va a despertar? ¡Ya son muchas horas!

MÉDICO. —Estos casos siempre son difíciles para prever.

ÉRICA. —Pero, ¡sí va a despertar, doctor! ¿Verdad que sí?

MÉDICO. —Ojalá. Si ustedes creen en Dios... pídanle mucho.

(Entran Alejandra con su novio y otros jóvenes).

NOVIO. —¿Podemos orar por ella?

CARLOS. —Claro... Dios a mí no me escucha, pero si a ustedes sí, aprovechen. *(Comienzan a orar en voz baja).*

ENFERMERA *(entra con las alas de ángel manchadas de sangre).* —Señora, no sé si usted quiere guardar esto o no.

(Érica las recibe, sale la enfermera, y Érica y Carlos, al contemplar las alas, se sueltan a llorar).

ÉRICA. —¡Sus alitas de ángel! Veo estas alas blancas... y luego veo la sangre... y es como si su inocencia hubiera sido manchada. Carlos... ¡tengo miedo! ¡Que no le vaya a pasar nada!

CARLOS. —Y pensar que yo estaba tan molesto con ella.

NOVIO. —Disculpen, pero he estado escuchando su conversación, y no pude más que pensar en Jesús. ¿Saben? ¡Él también era inocente! Era el Hijo de Dios, el Rey de reyes. Vivía en majestad en el cielo, pero estuvo dispuesto a dejar todo eso y venir a nacer al mundo. Estando aquí, nunca pecó, y sólo le hizo bien a la gente. Pero venía con otro propósito principal: Morir en la cruz y derramar su sangre para que nosotros pudiéramos reconciliarnos con Dios.

CARLOS *(algo molesto).* —Pero, ¿por qué nos estás diciendo esto ahora? ¿No ves que estamos demasiado turbados con lo que pasó con nuestra hija como para estar pensando en Dios y Jesús? Además, ¿qué ha hecho él para mí y mi familia? ¡En un sólo día he perdido mi trabajo y casi pierdo a mi hija! ¿Crees que me interesa mucho escuchar de tu religión y de tu Dios ahora? ¿Qué ha hecho él para mí?

NOVIO. —Entregó a su Hijo amado para que, a pesar de todo lo que está sucediendo a tu alrededor, verdaderamente pudieras tener paz tal como tanto ha cantado Celeste.

ÉRICA. —¿Pero, qué tiene que ver esto con nosotros ahora, en este momento?

NOVIO. —Sólo piensa en esto: Ustedes están tan turbados al ver estas manchas de sangre en las alitas de papel de su niña... aunque ya saben que ella va a estar bien. Pero, ¿cómo se habrá sentido Dios cuando vio a su Hijo sufrir tanto? ¿Cómo habrá sido para Dios ver a su Hijo, aquel cuyo nacimiento celebramos en Navidad, morir en la cruz? ¿Qué sentiría al ver su sangre derramada? ¡Pero lo hizo porque nos amó! ¡En la Navidad nos enfocamos en el nacimiento de un lindo niño. Pero este niñito, años después, murió en la más terrible agonía... Y eso fue necesario para cumplir el propósito de Dios de reconciliarnos con él. "Porque de tal manera amó Dios al mundo, que ha dado a su único Hijo, para que todo aquel que cree en él, no se pierda, más tenga vida eterna". Así nos ama Dios. ¡Tanto así nos amó Dios! ¡Tanto así nos amó Dios! ¡Miles de veces más de lo que ustedes aman a esta niña!

CELESTE *(reacciona, pero débilmente).* —¡Papi! ¡Mami!

ÉRICA *(corre a la cama con ella).* —¡Hijita! ¿Cómo te sientes?

CELESTE. —Me duele la cabeza un poquito, pero ¡ya me voy a sentir mejor! ¡Tengo que arreglarme para mi parte en el drama de Navidad!

CARLOS. —Hijita, ¿cómo crees eso? ¡Acabas de sufrir un accidente! ¡No creo que estés bien como para actuar en la obra!

CELESTE. —¡Por favor, papi! ¡Estoy bien! ¡Estoy muy bien!

(Se acerca el médico y la revisa).

MÉDICO. —Hijita, tus papás tienen razón. Gracias a Dios que ya reaccionaste, pero… no hay manera de que te pueda dejar salir del hospital tan pronto. ¡Sufriste un golpe terrible!

CELESTE. —Entonces, papi, mami ¡quiero que ustedes vayan en mi lugar!

CARLOS. —¿Cómo que vayamos en tu lugar? ¡No te vamos a dejar sola ni por un instante!

CELESTE. —¡Es que quiero que vayan y que tomen un video para que yo lo pueda ver después!

CARLOS. —Vamos a encargar a alguien más que lo tome…

CELESTE. —¡Es que yo quiero que tú vayas y que tú tomes el video! ¡Es lo que más quiero en el mundo!

ALEJANDRA. —Juan y yo nos podemos quedar con Celeste; sólo será un par de horas.

ÉRICA *(voltea hacia Carlos)*. —Esto me parece una trampa sentimental… pero se ve que es muy importante para ella. ¡Total! Es obvio que la famosa cena en casa por lo pronto no se va a hacer. Doctor, ¿no está en peligro Celeste?

MÉDICO. —La verdad es que veo que es muy importante para ella que ustedes vayan a esa reunión. ¡Creo que va a estar más perturbada si no van!

CARLOS. —¡Pues, yo no estoy convencido!

CELESTE. —Papi, es el mejor regalo que me puedes dar.

TODOS. —¡Vayan!

SEXTO ACTO

VIDEO: enfoca a los papás y abuelos mientras van por los pasillos a sentarse en la primera fila.

CARLOS *(con la cámara de video, murmurando)*. —¡Todavía no veo el caso de esto! ¡Deberíamos de estar allá en el hospital con mi hija!

ÉRICA. —Shhh... ¡Ya van a empezar! ¡Acércate con la cámara!

(Se escucha la lectura bíblica del anuncio del ángel a María en Lucas 1:26-38 y se presenta esta escena como cuadro plástico con niños. Después la cámara se enfoca en Érica. Lo que sigue debe ser pregrabado con la voz de Érica, como si fueran sus pensamientos). ¿No temas? ¿Nada es imposible para Dios? ¡Esto se me hace tan difícil! ¡Si estoy llena de temores! Pero, ¡qué superficiales eran mis

temores anteriores comparados con los que sufrí entre ayer y hoy! ¡Me preocupaba tanto por "quedar bien" con los regalos, la comida… etc.! Y luego, cuando vi a mi pequeña tirada en la calle, ¡todas mis prioridades cambiaron en un instante!

ABUELA *(voz pregrabada)*. —¡Veo a estos niños y lo único que puedo pensar es en mi niña, mi Celeste! ¡Pobre de Érica, también! ¡Nunca la había visto tan afligida! Y ahora que no tiene a su madre con ella creo que es tiempo de que yo sea como una madre para ella. ¿Qué me cuesta?

(Lectura bíblica de Lucas 2:1-7 mientras se presenta la escena del nacimiento de Jesús como un cuadro plástico con niños).

CARLOS *(está cerca tomando video, pero en su mente están resonando las palabras del joven, grabadas: ¿Cómo habrá sido para Dios ver a su Hijo, aquel cuyo nacimiento celebramos en Navidad, morir en la cruz? ¿Qué sentiría al ver su sangre derramada? ¡Pero lo hizo porque nos amó! ¡Tanto así nos amó Dios! ¡Tanto así nos amó Dios!).*

CARLOS. —¡Ya! ¡No puedo más! Dios, no entiendo. ¡No entiendo! Hoy, con el susto que pasé con mi niña —a quien ni siquiera le he hecho el caso debido, ni la he amado como debiera estos años— pensé que si ella moría, yo me moría con ella. ¿Cómo puedes tú, siendo Padre, dejar a tu Hijo nacer de esta manera sólo para permitir que lo maten años después? ¿Cómo?

CELESTE *(llega sorpresivamente por detrás, vestida de ángel)*. —¡Yo te diré como!

CARLOS *(y toda la familia)*. —¡Celeste! ¿Qué haces aquí?

(Aparecen Alejandra, los amigos y el médico).

MÉDICO. —Para ella era tan importante venir que decidí permitírselo y venir yo también para cuidarla. La verdad... ¡estoy intrigado!

CELESTE. —Papi, ¡Dios permitió que Jesús naciera y luego muriera para que tengas paz en tu corazón! Si tú tienes paz, y mami tiene paz, y mi abuela tiene paz... ¡habrá paz en la tierra!

CARLOS. —¡Es cierto, mi hija! ¡Me estás convenciendo!

CELESTE. —¡Ya me toca cantar! *(Se une al coro infantil de ángeles que cantan a los pastores el canto acerca de "paz en la tierra").*

PASTOR *(dirigiéndose brevemente al público, pero todavía como parte de la obra, habla nuevamente de la paz que Cristo da... Hace una invitación. Carlos, Érica, la abuela y el médico, reciben a Jesús. La niña baja del escenario y los abraza).*

CELESTE. —¡Esta es la mejor Navidad que jamás he tenido!

Invitación

---

* Tomado de Isaías 9:2-4, 6 (Dios Habla Hoy).

HOY ES TIEMPO DE ALEGRÍA

Waldemar Morales

DRAMA EN TRECE ACTOS

PERSONAJES:

Melchor
Festo
Simón
Escriba
Gaspar
Baltasar
Juan
Mardoqueo
Esteban
Rut
Séfora
Benjamín
Rubén
Marcos
Tomás
Soldado
Aarón
José
Marta
Herodes
Ángel
Mario

Solistas y grupo musical o coro

PRIMER ACTO

(Se ven varias personas frente del escenario bajo una luz tenue. Una de ellas es el solista; él inicia el canto y todos suben a escena cantando).

Canto: Himno o villancico que anuncie la Navidad.

SEGUNDO ACTO

(En una casa en algún lugar de Oriente está Melchor con actitud preocupada, y entran dos hombres al lugar: Festo y Simón).

FESTO *(dirigiéndose a Melchor).* —Mi señor, lo veo muy preocupado. ¿Acaso hay algún problema que turba su vida, o alguna revuelta en el pueblo?

SIMÓN. —Realmente, eso de ver las estrellas lo ha turbado últimamente.

MELCHOR. —No, no se trata de nada de eso. En realidad es algo mucho más intrigante, es algo que he descubierto en las estrellas, y creo que es el cumplimiento de una profecía antigua.

SIMÓN. —¿Las estrellas? ¿Acaso las estrellas pueden decirnos algo de nuestro futuro, de las cosas que nos esperan? Esto sí que es escalofriante.

FESTO. —¿Cumplimiento de una profecía antigua? ¿Se refiere a nuestro pueblo? ¿Acaso un desastre? Porque realmente le veo muy preocupado.

SIMÓN. —Yo no recuerdo ninguna profecía de nuestro pueblo, y menos tan intrigante como usted lo menciona.

MELCHOR. —No es preocupación; más bien esto es una gran noticia para todos nosotros si realmente estoy en lo cierto. Por favor, llama al escriba. Necesito ponerme en contacto con otros colegas al respecto.

SIMÓN. —¿Una gran noticia para todos nosotros? Tiene que ser algo bueno, porque realmente la situación en nuestro pueblo no ha estado nada bien. Y dígame, señor, ¿acaso es una profecía de nuestros escritos antiguos?

FESTO. —A decir verdad, he visto que ha indagado mucho en los escritos de un pueblo antiguo, los judíos. Si la noticia viene de las profecías de ellos, entonces no tiene nada de bueno para nosotros.

MELCHOR. —Realmente es una profecía de los escritos judíos, sin embargo la interpretación es que trae bendición para todas las naciones, incluyendo la nuestra. Es por esa razón que me intriga.

FESTO. —¡Vaya si es intrigante, puesto que se supone que una profecía tendría que dar buenas nuevas para el pueblo que la recibe! Pero ¿dice usted que es una profecía de bendición para todo el mundo incluyendo a nosotros? Esto tiene que ser realmente bueno.

MELCHOR. —Bueno, Festo, mejor ve por el escriba, porque de lo contrario nunca podré comunicarme con mis colegas.

FESTO. —Inmediatamente señor, ahora voy. *(Sale de la sala).*

SIMÓN *(pensativo).* —Buenas nuevas para todo el mundo. Esto no me lo pierdo; quiero saber más de esto.

(Entran Festo y el escriba).

ESCRIBA. —¿Me ha mandado llamar, señor?

MELCHOR. —Sí, escriba, necesito que me redactes una carta y la lleves a mis amigos Gaspar y Baltasar. Quiero que ellos me ayuden a entender esta situación. Escribe: "Mis buenos amigos y colegas, deseo hacerles ver…". *(Termina la escena).*

TERCER ACTO

(Nuevamente aparece Melchor en escena con actitud ansiosa. Entra Simón).

SIMÓN. —Señor unos hombres desean verlo, me parece que son las personas que usted esperaba con tanta ansiedad.

MELCHOR. —¡Al fin! Por fin llegaron. Espero que ellos traigan buenas noticias; que también hayan visto lo mismo que yo. Hazlos pasar inmediatamente, es urgente que hable con ellos.

(Sale Simón, y entran Gaspar y Baltasar).

GASPAR Y BALTASAR. —La paz sea contigo Melchor.

MELCHOR. —Mis amigos, sean bienvenidos. No se imaginan las ansias de mi espera; ahora creo que podremos dialogar de la visión.

GASPAR. —Recién nos hemos encontrado aquí con Baltasar, y apenas pudimos hablar un poco. La verdad es que cuando me llegó tu carta me dediqué a observar con más detenimiento y a revisar mis escritos.

BALTASAR. —Realmente es algo impresionante. Yo creo como tú, Melchor, que este es el cumplimiento del tiempo que hemos estado esperando, la aparición de este astro tiene que ser lo que las profecías indican.

GASPAR. —Definitivamente. Sin embargo, yo solamente tengo algunas pocas copias de los profetas judíos, y me gustaría que compartan más conmigo en relación a esto.

MELCHOR. —Permítanme llamar a otros amigos conocedores de las profecías; por lo menos uno de ellos es judío y muy entendedor de esto.

BALTASAR. —¡Qué bueno! Llámalos entonces, porque es importante que nos expliquen más de esto.

MELCHOR *(en voz alta).* —¡Festo, Festo, ven aquí!

FESTO. —Sí señor, ¿para qué me llamas?

MELCHOR. —Haz venir a Mardoqueo y a Juan. Diles que traigan sus escritos porque necesito hacerles algunas preguntas.

(Entran Festo, Mardoqueo y Juan).

JUAN. —Melchor, hemos venido en cuanto nos llamaste, y traemos los escritos que te interesan, aunque realmente no sabemos la razón de tu inquietud.

MARDOQUEO. —¿Qué te interesa sobre nuestros escritos? Porque, la verdad, aquí ninguno se ha interesado en ellos, solamente tú.

BALTASAR. —Sí, sí nos interesan sus escritos, y me gustaría que nos explicaran lo referente al Mesías que ha de venir.

JUAN. —¿Sobre el Mesías? ¿Te interesa saber sobre nuestro Mesías?

GASPAR. —Sí, nos interesa mucho saber sobre su Mesías y las condiciones en las cuales vendrá. Creemos que hemos descubierto algo realmente impresionante sobre él.

FESTO. —Si ustedes me permiten, me gustaría aportar algo, aunque yo no tengo tanto conocimiento como ustedes. Si recuerdo bien, en los escritos de Babilonia hay algo relacionado con esto dicho por un judío que vivió en nuestra tierra en los días del rey Nabucodonosor. Ese hombre era Daniel.

MARDOQUEO. —Festo, si no me equivoco tú te refieres al relato del sueño del rey Nabucodonosor. Según nos relatan las escrituras, él tuvo un sueño y su espíritu se perturbó. Necesitaba que alguien le declarara el sueño y a la vez se lo interpretara; fue todo un acontecimiento.

JUAN. —Según el relato, llamó a todos los magos del reino pero ninguno pudo dar a conocer al rey su sueño, y menos explicárselo. Inclusive el rey amenazó a todos los magos de su reino con que, si no le adivinaban el sueño y se lo interpretaban, los mataría. Todos ellos estaban atormentados puesto que era sumamente difícil hacer ese tipo de cosas.

MARDOQUEO. —Los escritos de nuestros antepasados nos cuentan que ninguno pudo dar a conocer al rey su sueño o explicárselo. Entonces pensaron en el esclavo judío llamado Daniel. Lo llamaron y, con toda la sabiduría que Dios le había otorgado, pudo declararle el sueño al rey y también se lo interpretó.

JUAN. —Fue un gran acontecimiento puesto que el rey quedó tan impresionado con aquello que lo nombró principal sobre todos los sabios de Babilonia. Eso era un honor porque estos hombres eran los que aconsejaban al rey.

BALTASAR. —Todo esto es impresionante; pero díganme, ¿qué tiene que ver con lo que estamos tratando? ¿Qué tiene que ver con las profecías?

MARDOQUEO. —El hecho es que había un promesa en particular que, estoy seguro, les fascinaba a los sabios de ese reino, y era la que dice: “Una estrella saldrá de Jacob, se levantará cetro de Israel”.

MELCHOR. —Una estrella y un cetro... Esto significa que habría una señal en los cielos que anunciaría el nacimiento de un rey. ¡Eso sí que era una gran noticia!

GASPAR. —Pero ¿cuándo aparecerían esta estrella y este rey? Porque desde todos estos relatos que ustedes nos cuentan hasta hoy han pasado muchísimos años y todavía estamos a la expectativa; a no ser que...

BALTASAR. —Sí, Gaspar, hemos tenido que esperar todos esos años y siempre hemos recordado las palabras de Daniel y su Dios. Pero creo que hoy, con todo lo que Melchor nos ha dado a conocer, estamos frente al acontecimiento más grande de la historia: el nacimiento del Mesías.

MELCHOR. —Sí, es un evento sumamente importante porque la estrella que hemos visto en los cielos puede ser la señal; la proclamación del Dios de Daniel que anuncia la llegada del tan esperado rey.

FESTO. —Entonces, si todo lo que ustedes dicen es cierto, estamos frente a la llegada del Rey de reyes. Nuestros ojos serán testigos de este acontecimiento. Daniel tenía razón; la profecía se está cumpliendo.

GASPAR *(se adelanta un poco y dirige su mirada hacia arriba).* —Realmente es hermoso, lo más magnífico que jamás he visto.

MARDOQUEO *(se acerca a Gaspar).* —Definitivamente, una señal como esta tiene que anunciar un evento extraordinario, un evento maravilloso. Esta estrella en el cielo es la más brillante que jamás haya habido. ¿Podría esta ser la estrella que Daniel nos dijo que anunciaría el nacimiento del Rey?

JUAN. —Pero, Mardoqueo, tiene que ser, no podemos dudarlo. Todos los judíos y yo hemos esperado el nacimiento de nuestro Salvador. Tú y yo, que somos estudiosos de las escrituras y vemos el resplandor de este astro, debemos creer que nuestro Dios se ha acordado de nosotros y nuestro Mesías pronto nacerá.

BALTASAR. —Solamente el nacimiento de un rey es digno de un anuncio tal, y solamente un gran rey podría ser la razón de una manifestación tan grande en el cielo.

MELCHOR. —Entonces vamos, vamos a la tierra de Daniel; a Jerusalén, su ciudad principal. Seguramente allí nos dirán dónde está su rey que nació. Tenemos que adorar a un rey tan extraordinario cuyo nacimiento mereció tanta atención en el cielo.

CUARTO ACTO

(La escena se desarrolla en el pueblo de Belén. Se ven algunas personas que hablan entre sí).

ESTEBAN. —¡Uf! Qué día más cansado hemos tenido. Si seguimos así no sé a dónde vamos a parar; cada día la situación se complica más. Vean cuánta gente viene a nuestro pequeño pueblo obedeciendo el mandato del imperio romano.

RUT. —Es seguro que mientras sigamos dominados por el imperio romano no podremos superarnos ni prosperar, la pobreza no deja de azotarnos. Encima, ahora viene el empadronamiento, ¿todo para qué? Pues para cobrarnos más impuestos. ¡Quién sabe sobre qué cosas serán ahora!

SÉFORA. —Vamos, vamos, ¿hasta cuando dejarán esa forma tan negativa de expresarse? Ustedes conocen las escrituras de nuestro pueblo, y debemos confiar en Dios. Estoy segura de que él hará lo mejor para su pueblo. Dios nunca nos ha abandonado ¿por qué habría de hacerlo ahora?

ESTEBAN. —Pero por favor, Séfora, esas fantasías tuyas me tienen cansado. ¡Son tan absurdas! No sé cómo puedes creer que Dios nos enviará un salvador. ¿Acaso no te das cuenta? Somos nosotros los que tenemos que luchar, no podemos esperar a que Dios nos envíe el tan esperado salvador.

RUT. —Yo no sé, pero a veces pienso que somos nosotros quienes debemos sacudirnos este yugo. Tenemos hijos que cuidar y, mientras sigamos en esta pobreza, no tenemos nada que ofrecerles. Pero también creo en las promesas de nuestras Escrituras, y creo que en algún momento Dios se acordará de nosotros. No podemos estar así para siempre.

MARTA. —Perdonen, amigos, que me involucre en su conversación, pero no pude dejar de escuchar lo que hablan. Puedo entender la frustración de nuestro pueblo; sin embargo, debemos recordar todas las historias que tienen nuestros escritos. Todas son historias reales; recuerden cómo Dios cuidó de nuestros antepasados en el desierto, en el mar, y aún aquí cuando tuvimos que conquistar la tierra. Ese sigue siendo nuestro Dios, y su promesa fue siempre que él pelearía nuestras batallas. Quizá deberíamos pensar que nuestra miseria no es más que la consecuencia de nuestro pecado y eso no permite que Dios obre en la vida de nuestro pueblo y nuestras familias.

SÉFORA. —Marta, ¡qué bueno verte! Yo creo como tú. ¿No creen ustedes que es mejor dejar que Dios haga las cosas a su modo? Estoy segura de que él librará a nuestro pueblo, y estoy más segura aún de que él siempre proveerá lo necesario para que podamos vivir aun bajo el dominio de los tiranos romanos.

RUT. —Bueno, al fin y al cabo ¿de qué valen las riquezas? Realmente podemos criar a nuestros hijos con lo poco que tenemos. Sinceramente es mejor que crezcan en un lugar humilde pero lleno de amor, que en un palacio lleno de odio. Sí, creo que podemos confiar en Dios. Hasta aquí hemos sobrevivido, podemos seguir adelante.

MARTA. —Tengamos paciencia, confiemos en que Dios nos mostrará su amor. Él es fiel; creamos y esperemos. Tarde o temprano veremos su amor y su grandeza como nunca, seremos rescatados del yugo y podremos vivir en paz.

ESTEBAN. —Paciencia. ¡Cómo no! ¿Crees que debemos esperar hasta que no nos quede nada? Es más; si Dios en verdad nos amara ya habría hecho algo, pero se ha demorado. Seguro que ya no nos ama y nunca veremos la libertad de la que tú hablas.

SÉFORA. —Por favor, Esteban, no hables así; me da miedo lo que has dicho. Si él no nos amara, no tendríamos absolutamente nada. Careceríamos de abrigo y de comida. Pero hasta el momento, gracias a Dios, no nos ha faltado nada de eso.

RUT. —Nunca cambiarás, Esteban, siempre has sido un hombre incrédulo. Te cuesta abrir lo ojos para ver las cosas que suceden a nuestro derredor. Ojalá algún día llegues a creer y confiar en Dios. Yo, aunque a veces me desespero de la situación, todavía sigo esperando y confiando en lo que Séfora y Marta nos dicen.

MARTA. —Algún día; algún día será realidad, Esteban. Dios proveerá todo lo que siempre has soñado. Es más; aunque no lo creas, podría suceder ahora mismo. ¿No crees que sería hermoso ver el cumplimiento de las profecías? ¿Ser testigos del nacimiento del Mesías, el Rey que tantas generaciones han esperado, y que nosotros presenciáramos su venida?

SÉFORA. —Tienes razón, y no debemos perder la esperanza. ¿Quién sabe? De pronto mi corazón salta de alegría, y hay algo en el ambiente que me hace pensar en la posibilidad de que no pase nuestra generación sin que veamos el cumplimiento de las promesas de nuestro Dios. ¡Sería tan lindo presenciarlo!

ESTEBAN. —Bueno, ya basta de sueños. Mejor nos vamos porque si no trabajamos no comeremos; además con tanta gente en la calle hasta se hace imposible caminar. *(Todos se retiran).*

QUINTO ACTO

(La escena se desarrolla en los campos de Belén. Los pastores están cuidando a sus ovejas y hablando entre sí).

BENJAMÍN. —¡Cuánto ruido hay hoy en nuestra pequeña ciudad! Esta tarde llegaron multitudes de personas provenientes de otros lugares para cumplir con el edicto del emperador para empadronarse.

RUBÉN. —Mira cuánta gente. Desde aquí parece una gran fogata, con tanta luz de las linternas de los viajeros. Aún los caminos están iluminados, nunca había vista cosa igual.

MARCOS. —La verdad es que no se dónde va a caber tanta gente. Yo escuché a algunos mesoneros decir que sus lugares estaban repletos. Lo único que les faltaba era alquilar su propia casa y los establos; y tal como veo la situación creo que así será.

RUBÉN. —Tienes razón, Marcos, hoy estaba hablando con Ester y, por alguna razón, ambos sentimos un ambiente diferente. Como un ambiente de fiesta; como que algo extraordinario fuera a suceder.

BENJAMÍN. —Rubén, ¿a qué te refieres con ambiente de fiesta? Yo no veo nada festivo en que las personas tengan que viajar tanto para empadronarse. Sabe Dios qué intenciones tengan los romanos con esto; lo que sé es que no debe ser nada bueno.

(Se acerca otro pastor).

TOMÁS. —¿Han visto cuánta algarabía hay en nuestro pequeño pueblo? Parece que va a estallar con tanta gente llegando de afuera.

MARCOS. —De eso mismo estábamos hablando y agregábamos que hay algo especial en el ambiente.

TOMÁS. —Por supuesto que hay algo especial, y tenemos que estar alerta, no sea que uno de tantos viajeros se atreva a robar nuestras ovejas. Hoy será una larga noche, no sólo por los lobos, sino por tanto viajero desconocido.

BENJAMÍN. —Pero, a pesar de todo, creo que todos podremos descansar un poco si dos de nosotros vigilamos mientras los otros dos descansan.

RUBÉN. —Es una buena idea. Turnémonos para que todos tengamos oportunidad de descansar.

(Se apagan las luces y se termina la escena).

SEXTO ACTO

(La escena se desarrolla en Jerusalén. Los sabios han llegado y están buscando al Rey).

MELCHOR. —¡Qué viaje más largo! Hemos cabalgado tanto que siento que mi espalda va a partirse en dos.

GASPAR. —Sin embargo hemos llegado a la ciudad de Daniel, Jerusalén. Sin duda alguna nos dirán donde ha de nacer su rey, puesto que todos deben estar esperándolo con alegría.

BALTASAR. —Pero yo he visto algo interesante. Hay mucho movimiento en este lugar, pareciera que todos están viajando, en lugar de esperar el nacimiento del rey.

GASPAR. —Esperemos para ver qué noticias nos traen Festo y los demás. Ellos habrán averiguado algo.

(Entra Festo).

FESTO. —¡Qué bueno que los encontré aquí! Hemos interrogado a mucha gente de este pueblo pero pareciera que nadie sabe nada sobre el nacimiento del rey.

JUAN. —Es increíble que esta gente no esté enterada sobre el nacimiento de su soberano; inclusive ni siquiera hablan bien de su rey.

MARDOQUEO. —Pareciera que ninguno conoce nada respecto a las profecías por las cuales nosotros nos venimos guiando, y los que las conocen las menosprecian aduciendo que Dios se ha olvidado de ellos.

MELCHOR. —¿No será que nos hemos equivocado en la interpretación de nuestras investigaciones, y todavía no es el tiempo esperado? Porque yo creo que, por lo menos, la nación debería estar enterada del nacimiento de su soberano.

GASPAR. —No, definitivamente no nos hemos equivocado en nuestras interpretaciones. Todavía anoche vimos la estrella que nos dirigía hasta este lugar. No puedo creer que todos nos estemos equivocando en lo que vemos; esto debe tener una explicación especial.

BALTASAR. —Vamos, no nos podemos desanimar ahora. Puede ser que estemos investigando en el lugar equivocado. Lo lógico es que, si nace un rey, nazca en el palacio real. Vayamos al palacio e investiguemos; sin duda alguna ellos nos podrán aclarar la situación y allí le entregaremos los presentes que traemos para el nuevo rey.

FESTO. —Bueno, entonces será mejor que nos movamos puesto que es entrada la noche y hace frío.

JUAN. —Además, el palacio está un poco retirado. Cuando anduve preguntando por el rey vi que estaba sobre aquella colina. Caminemos y busquemos al rey para que podamos descansar.

(Se apagan las luces y se termina la escena).

SÉPTIMO ACTO

(La escena se desarrolla en una sala del palacio. Se ve a Herodes en la sala y entra un soldado).

SOLDADO. —Mi señor, han llegado unos extranjeros que, según nos informaron, andan por el pueblo preguntando por el nacimiento de un rey.

HERODES *(nervioso).* —¿El nacimiento de un rey? ¡Pero qué atrevimiento! Aquí no hay más rey que yo, el gran Herodes. Tenemos que encontrar a la persona que anda sublevando al pueblo con esta mentira para que la ejecutemos. ¿Y dices que son extranjeros? ¿Qué apariencia tienen?

SOLDADO. —Se ve que son personas cultas y que vienen de lejos. Además traen una gran caravana, con mucho lujo; algo que no hemos visto en mucho tiempo.

HERODES. —Bueno, déjalos pasar. Es importante que hable con ellos; y está atento porque posiblemente nos den el nombre de los sublevados, y quiero que los traigas inmediatamente.

(Sale el soldado y vuelve a entrar con los sabios).

GASPAR. —Te traemos saludos, oh rey, y gracias por permitirnos entrar en tu palacio y darnos hospitalidad.

MELCHOR. —Hemos venido hasta aquí para conocer al niño que ha nacido, porque hemos visto la señal en el cielo.

HERODES. —¡Oh, mis nobles sabios! Sin duda alguna vosotros habéis sido engañados por algún rufián, puesto que aquí no ha nacido ningún niño, y no ha llegado ningún nuevo rey.

BALTASAR. —No, mi buen rey. No nos engañó ningún rufián. En realidad, nadie nos ha hablado del nacimiento del rey sino que hemos sido guiados por una estrella que nos trajo hasta acá.

FESTO. —A decir verdad, nos ha extrañado que la gente de vuestra nación no sepa nada con respecto al nacimiento de este niño. Puesto que las escrituras son claras cuando hablan de él.

HERODES. —¿Cómo decís? ¿Fuisteis dirigidos por una estrella para cumplimiento de las escrituras hebreas?

MARDOQUEO. —Sí, mi señor. Yo soy hebreo, y aunque vivo en el exilio no he olvidado nuestras costumbres y, sobre todo, nuestras escrituras. Ellas hablan del nacimiento del Mesías, el cuál nacería en este lugar y sería en condiciones extraordinarias, como lo hemos visto nosotros.

JUAN. —¿Acaso vuestros sabios no os han dicho sobre esto? Porque deberían ser los más enterados de tal acontecimiento.

HERODES *(muy molesto).* —Soldado, trae a los sacerdotes y a los escribas inmediatamente.

MELCHOR. —¡Qué buena idea has tenido, rey! Sin duda alguna ellos nos podrán indicar con más precisión el lugar del nacimiento del Mesías, ya que tú dices que no es aquí.

HERODES. —Sin duda alguna, ...sin duda alguna.

(Entran dos personas).

ECRIBA. —¿Nos mandaste llamar, mi señor?

HERODES. —Claro que los mandé llamar. Estos distinguidos visitantes me preguntan sobre el nacimiento de un tal Mesías que ha de nacer, y yo no sé nada. ¿Acaso ustedes tampoco?

AARÓN *(se ve muy asombrado, al igual que Simón).* —¿Ustedes están preguntando sobre el nacimiento de nuestro Mesías? Esto sí que es interesante. ¿Y cómo se enteraron de esto?

GASPAR. —Nosotros somos personas que estudiamos los acontecimientos de la historia por medio de los astros, y vimos uno muy particular que apareció en el oriente. Inmediatamente nos pusimos a investigar y, gracias a nuestros amigos que son hebreos como ustedes, ellos nos revelaron lo que dicen las escrituras y profecías.

HERODES. —Si ustedes saben algo, díganlo ya, porque es necesario que yo también vaya y le rinda honor.

ESCRIBA. —Efectivamente, el profeta Isaías nos habla del Mesías que nacerá para librar al pueblo de la esclavitud.

AARÓN. —Sin embargo, es el profeta Miqueas quien nos dice el lugar de su nacimiento y las condiciones en que nacerá.

GASPAR. —¡Qué bueno! Entonces, por favor, dinos dónde ha de nacer el Mesías prometido. Hemos viajado tanto que estamos ansiosos por llegar.

ESCRIBA. —Sí, las escrituras dicen: "...y tú Belén Efrata, pequeña entre las naciones, pero de ti nacerá el rey".

HERODES. —¿Belén? ¿Dijiste Belén? ¿En ese apestoso pueblucho?

AARÓN. —Sí, señor, será en Belén. Y puesto que ellos han seguido un astro, yo creo que el tiempo está cerca y nuestro redentor ya viene.

FESTO. —Bueno, bueno, no hay que perder tiempo. Vayamos a Belén y busquemos al niño; probablemente esté por nacer.

MELCHOR. —¡Qué hermoso! Seremos testigos de un milagro como nunca: un Mesías, un Salvador, un Libertador tiene que ser de origen divino, un nuevo Rey.

HERODES. —¿Un nuevo rey? ¿Acaso no estoy yo? Señores, les ofrezco la hospitalidad de mi casa y quisiera pedirles, por favor, que cuando encuentren al niño me lo hagan saber para que yo vaya también y le adore.

BALTASAR. —Gracias rey, aceptamos tu hospitalidad para descansar esta noche y así viajar mañana. Y cuenta con que volveremos con la noticia.

(Salen del lugar y se apagan las luces).

OCTAVO ACTO

(Los sabios están durmiendo en el palacio cuando, repentinamente, aparece un ángel).

ÁNGEL. —Despertad, despertad. Levantaos y marchaos de aquí sin que Herodes lo note porque la verdad es que él no desea adorar al Mesías, sino que toda su intención es matarlo. Por eso, cuando veáis al Mesías no volváis por aquí a decirle dónde lo encontraron. Salid pronto y huid.

MELCHOR. —Esta es una visión celestial. ¡Qué gran privilegio hemos tenido! Sin duda alguna el niño que nacerá es el Hijo de Dios.

GASPAR. —Sí, y mientras estemos aquí corremos peligro nosotros y también el niño, puesto que alguien puede seguirnos y descubrir el lugar donde lo encontremos.

BALTASAR. —Salgamos pronto de aquí. ¡Vamos compañeros! Salgamos sin demora y sin dar aviso; partamos hacia Belén y veamos a este niño que Dios nos ha enviado.

(Salen del lugar).

NOVENO ACTO

(La escena se desarrolla en Belén. José y María han llegado y están buscando alojamiento).

ESTEBAN. —Vaya, ahora sí que no cabe ni una aguja en Belén. Todos los cuartos del mesón están ocupados pero, aún así, no ganaremos mucho porque, además de ser un simple mesón, la gente que se hospeda aquí es muy pobre y no puede pagar mucho.

RUT. —Será un simple mesón, pero al menos ofrece descanso y abrigo a estas pobres personas. ¿Acaso no te alegra saber que estás ayudando a gente necesitada? Acuérdate de nuestros padres que, sin saberlo, hospedaron ángeles.

SÉFORA. —Por supuesto, y además recuerda que, aunque ganes poco, la satisfacción de haber ayudado a las personas llenará tu vida y cuando llegue el Mesías serás recompensado.

ESTEBAN. —Sí, está bien, cuando llegue el Mesías, pero... ¿cuándo llegará ese día? A menudo, durante mis oraciones siento la necesidad de recordarle al Señor su promesa, puesto que ha pasado tanto tiempo que perdemos la esperanza de ver el cumplimiento.

MARTA. —Sin embargo, es importante que no perdamos la esperanza. Yo también le digo al Señor: "Ahora sería el momento preciso, Señor, sería el tiempo perfecto para demostrarle tu poder a todas las naciones".

RUT. —Pero lo bueno es que todos sabemos que el Señor cumplirá su promesa en el tiempo que él tiene previsto. Cuando él venga, el Mesías nacerá aquí mismo, en Belén. Sé que es verdad porque la palabra de Dios lo dice.

MARTA. —Esa es la promesa de Dios, y estoy convencida de que él la cumplirá, pero hasta que aparezca el Mesías la vida bajo los romanos puede ser dura.

SÉFORA. —Vean esa pareja que viene hacia acá. ¡Pobres, se ven tan agotados! Y la mujer parece que está encinta. ¡Qué barbaridad! ¿Cómo los hicieron moverse de su lugar en ese estado?

ESTEBAN. —Espero que no me busquen para alojamiento porque en mi mesón no cabe ni una aguja, y no creo que encuentren lugar en ningún lado.

JOSÉ. —Disculpe, señor, que lo moleste a esta hora tan avanzada, pero venimos desde lejos, y estamos agotados por lo duro del trayecto. Quisiéramos que nos alquile un cuarto en su mesón.

MARTA. —Parece que su esposa esta encinta y, por lo que veo, los días de su alumbramiento están cerca. ¡Pobrecita! Por favor, si podemos ayudarle búsquenos en este lugar, y trate de no exponerla mucho al frío de la noche.

ESTEBAN. —Entiendo su situación, pero todos los cuartos están ocupados; hasta tuvimos que acomodar a la gente en los pasillos y no contamos con nada de espacio.

JOSÉ. —Ya he preguntado en otros mesones y los que no están muy llenos, nos piden mucho dinero por pasar la noche. Nosotros no traemos mucho dinero y no podemos pagar mucho. La verdad es que cualquier lugar que usted nos pudiera conceder sería bueno para pasar la noche.

SÉFORA. —Esteban, ojalá pudieras encontrar un lugar aunque sea para ella. Mira su estado; en cualquier momento puede dar a luz y quién sabe lo que pueda suceder con el bebé.

MARTA. —Tengo una idea, no es muy buena, pero algo es algo. ¿Por qué no les ofreces aunque sea el establo? Todo lo que necesitan es un lugar para pasar la noche, y puede arreglarse algún lugar del establo para que estén tranquilos.

ESTEBAN. —Pero Marta, ¿cómo se te ocurre? Recuerda que te da vergüenza ofrecer los cuartos del mesón; más vergüenza me da pensar en el establo.

JOSÉ. —Señor, creo que la idea no es del todo tonta. Si usted nos permitiera usar el establo podríamos acomodar algún lugar para que María, mi esposa, pueda descansar. Le estaríamos muy agradecidos.

RUT. —Creo que estaría bien por lo menos ofrecerles el lugar. Aunque el establo huele mal y, además, es incómodo dormir entre los animales, podrían pasar la noche y descansar. Vamos, Esteban, puedes ofrecerles eso.

ESTEBAN. —Está bien. Si así lo quieren pueden dormir ahí; no se preocupen por el pago, no les cobraré nada. Los animales son mansos, así que no les tengan miedo.

JOSÉ. —Gracias, señor, muchas gracias. No tiene idea de la enorme ayuda que nos brinda. Dios se encargará de pagárselo. María, creo que hemos encontrado un lugar para dormir.

MARÍA. —Gracias a Dios, José. Él nunca desampara a su pueblo, y no nos desamparará a nosotros en ningún momento. Cualquier lugar es bueno para pasar esta noche.

(Salen todos, se apagan las luces).

DÉCIMO ACTO

(José y María están solos en el establo).

MARÍA. —José, creo que esta noche será particularmente especial. Algo muy importante va a pasarnos muy pronto.

JOSÉ. —Por supuesto María, yo pienso igual, y lamento que estés en esta situación tan difícil. Mira el lugar al que te he traído.

MARÍA. —No te preocupes, José, este lugar está bien. Además, no es tu culpa que estemos aquí. Sabemos que Dios está en control de todo lo que nos pasa, y él fue quien nos trajo a este lugar.

JOSÉ. —Bueno, María, será mejor que tratemos de descansar lo que podamos. Mañana iremos a censarnos y luego partiremos de regreso a nuestra casa.

MARÍA. —José, no importa el lugar, siento en mi corazón que te amo. Espero que Dios bendiga la familia que vamos a formar, y seamos siempre muy felices.

JOSÉ. —Yo también, María. Ahora descansemos en medio de todos estos animales; Dios nos dará el sueño que necesitamos para descansar.

(Ambos se recuestan. Inmediatamente se levanta María. Luces tenues mientras ella se coloca para su canto).

Canto de María: Solo femenino sobre el tema del anuncio del ángel.

UNDÉCIMO ACTO

(Los pastores están conversando nuevamente).

BENJAMÍN. —Oigan compañeros, ¿han visto esa brillante estrella en el oriente? Al principio pensé que se trataba de algún reflejo por las luces de Belén; pero no es así y se ha posado en la ciudad.

RUBÉN. —Tienes razón, yo no había querido comentarles porque pensé que estaba loco ya que hasta la vi moverse.

MARCOS. —Yo vi exactamente lo mismo. Vi que se movía y se posaba sobre la ciudad. Probablemente esté anunciando algo especial en nuestro pueblo.

RUBÉN. —Esperemos que no sean cosas malas, pues para eso ya tenemos a los romanos. Sólo nos faltaba un desastre sobre nuestro pueblo, y ahora, cuando hay tantos visitantes.

BENJAMÍN. —¡Pobre gente! Hoy me contaron de una pareja que buscaba desesperadamente un lugar para descansar. La mujer está por dar a luz, así que el mesonero, ante la presión de algunas mujeres, les cedió el establo para que pudieran descansar.

TOMÁS. —Tuvieron que estar muy necesitados para aceptar un establo como lugar de reposo.

MARCOS *(Se pone de pie asustado y viendo hacia arriba una luz brillante).* —¿Pero qué pasa? ¿Qué es esto que nos ilumina? ¡Dios, por favor, ayúdanos!

ÁNGEL. —No tengan miedo. Soy un enviado de Dios para anunciarles buenas noticias a todos ustedes.

TOMÁS. —¡Qué visión tan maravillosa! Dices que nos traes buenas noticias. ¿Qué buenas noticias puede haber hoy en Belén, esta ciudad tan pobre?

ÁNGEL. —Sí, buenas noticias, porque hoy se ha cumplido entre ustedes la promesa de Dios de enviar al Mesías. Ha nacido hoy en la ciudad, en Belén, un Salvador, que es Cristo el Señor.

BENJAMÍN. —¡El Mesías ha nacido en Belén! ¿Cómo lo reconoceremos? ¿Cómo lo encontraremos?

ÁNGEL. —El niño está acostado en un pesebre en un establo, envuelto en pañales. Allí lo encontrarán junto a sus padres. Apresúrense, vayan a ver al Rey. El Mesías prometido ha venido. ¡Gloria a Dios en las alturas y en la tierra paz, buena voluntad para con los hombres!

RUBÉN. —¡No puede ser! No puede ser que nosotros, humildes pastores, recibamos esta maravillosa visión que nos anuncia el nacimiento de nuestro Salvador. ¡Gloria a Dios, gloria a Dios, ha nacido nuestro redentor!

TOMÁS. —Vayamos, pues, y busquemos al niño. Tenemos que adorarle, tenemos que verlo, es nuestro Mesías.

MARCOS. —En un establo… acostado en un pesebre… Sí, mi esposa me contó que había algo especial en esta pareja. Tienen que ser ellos, tienen que ser ellos; vamos, yo sé donde es. Apúrense, corran, aprisa.

(Salen corriendo de la escena).

Solista o grupo: Canto sobre el tema del anuncio de los ángeles a los pastores.

DUODÉCIMO ACTO

(Entran los pastores; están regresando de ver al niño en el establo).

BENJAMÍN. —¡Qué escena más maravillosa!

RUBÉN. —Es cierto, Benjamín, somos testigos del cumplimiento de las promesas de Dios. Ha venido nuestro Mesías.

TOMÁS. —Vean esa caravana que viene hacia acá. Pareciera que nos visita un rey de otra nación.

MARCOS. —Oye, es cierto. ¡Cuánto lujo! Pero, ¿qué estarán buscando por estos lugares? No creo que Belén les pueda ofrecer algo a ellos.

MELCHOR. —Amigo pastor, andamos buscando a un rey que ha nacido hace poco, y sabemos que es aquí según nos han dicho los escritos.

GASPAR. —Fíjense, esta es su estrella. La vimos en el oriente hace muchos meses, y ahora esta misma estrella continúa guiándonos en esta dirección.

BALTASAR. —¿Acaso sabrán ustedes algo de este Rey? Porque hemos ido al palacio del rey Herodes en Jerusalén pero nos equivocamos, y una maravillosa visión nos indicó que nos alejáramos de allí y siguiéramos la estrella.

MARCOS. —Señor, sólo soy un humilde pastor, pero conozco a este Rey que buscan; lo he visto con mis propios ojos.

BENJAMÍN. —Sí, estuvimos en aquel lugar tan humilde, pero glorioso. Sus padres estaban muy serenos pero tan emocionados como nosotros. Parecían saber todo lo que nosotros les contamos.

GASPAR. —Pero, por favor, cuéntanos esas cosas de las que hablas.

RUBÉN. —Mis compañeros y yo estábamos cuidando nuestro rebaño cuando de repente apareció un ángel glorioso. Aunque sentimos mucho miedo, nos dijo: "No tengan miedo porque les traigo buenas noticias de mucha alegría para todos".

TOMÁS. —Fue entonces que nos dijo que en la ciudad de David había nacido un Salvador que es Cristo el Señor. Luego nos dio las señales de dónde y cómo lo encontraríamos.

MARCOS. —Entonces se unió a él una multitud de los seres celestiales que alababan a Dios y decían: "Gloria a Dios en las alturas y en la tierra paz, buena voluntad para con los hombres".

MELCHOR. —¡Qué maravilla! "Buena voluntad para con los hombres...", definitivamente que este Rey es algo especial, sumamente especial. Los ángeles lo anuncian, y una estrella nos ilumina el camino hacia donde está.

BALTASAR. —Compañeros, ¿se dan cuenta de lo que nos han dicho estos hombres? Los ángeles anunciaron al Salvador. No es un rey cualquiera; Dios mismo ordenó su nacimiento y le dio un propósito bueno para toda la humanidad.

GASPAR. —Vamos, estamos cerca, la estrella se detuvo en la ciudad. Estamos listos para encontrarlo y rendirle adoración.

BENJAMÍN. —Si ustedes desean, nosotros podríamos acompañarlos e indicarles el lugar preciso donde está el niño.

MELCHOR. —Muchas gracias, creo que sería bueno que nos acompañen; vayamos todos y veamos esta gloriosa manifestación de Dios.

(Se apagan las luces y salen).

DECIMOTERCER ACTO

(Aparecen María y José en el establo, luego se van agregando otros a la escena para concluir la obra).

MARÍA. —¡Qué día! Nunca me imaginé que mi hijo nacería en un lugar como este, pero sé que Dios está con nosotros. Yo sólo soy una sierva de Dios, y él se dignó ver mi bajeza. ¡Qué privilegio tan grande me ha dado! Siendo una mujer más de Jerusalén que espera la venida del Mesías que ha de rescatar al pueblo, he sido llamada para ser la madre del Mesías.

JOSÉ. —Este es un gran privilegio, María. Dios quiso bendecirnos permitiéndonos que su Hijo naciera en nuestro hogar. Pero aún estoy sorprendido con tantas visitas que hemos tenido; toda la gente parece conocer nuestro secreto. Sin duda alguna Dios se los reveló.

MARÍA. —Sí, José. ¿Oíste todo lo que los pastores dijeron? Hablaron de ángeles, y de uno de ellos que les anunció el nacimiento del Mesías. Les dijo que sería el Salvador y Señor. Jesús, nuestro Jesús.

JOSÉ. —Es algo que no puedo olvidar, y siempre lo tendremos en nuestra mente y nuestro corazón. Nuestro pequeño Jesús es el Salvador del mundo. No sé cómo será, no sé cómo lo hará, pero sé que Dios lo ha enviado para redención de toda la humanidad.

MARÍA. —¡Oh Señor! Así como tú lo has designado, que así sea. Haz con nosotros, y con tu Hijo, de acuerdo a tu voluntad.

JOSÉ. —Todas las profecías se han cumplido. Esta noche es la nueva oportunidad para nosotros y para el mundo entero porque Jesús salvará al mundo de sus pecados y de sus caídas, y lo levantará para presentarlo sin mancha delante de Dios.

MARÍA. —Mira, José, tenemos más visitas. Veo una multitud que se acerca a nosotros.

JOSÉ. —Por el amor de Dios, María, es una comitiva real… y viene con una multitud. ¿Será posible que ellos también hayan sido avisados del nacimiento de Jesús?

GASPAR. —Gracias te damos, Señor Dios de los ejércitos, porque nos has permitido llegar hasta el lugar donde enviaste a tu Hijo. Gracias porque nos diste la dirección correcta y podemos ver al Niño que ha de salvar al mundo de sus pecados: Jesús el Salvador.

MELCHOR. —Ahora contemplo a este niño, el niño de mi sueño. Bendito seas tú, oh Dios, porque todo ha sido conforme a tu palabra.

BALTASAR. —Gracias, Señor, por la misericordia que has tenido con nosotros. Porque no siendo judíos, sino gentiles, nos has mirado para que presenciemos su salvación. Mirad, mirad al que nació para salud a todos aquellos que esperan la redención de Jerusalén y de todas las naciones.

Solo o grupo musical: Canto sobre el bebé Jesús.

BENJAMÍN. —No nos cansamos de ver a este niño que nos fue anunciado cuando estábamos en el campo guardando nuestros rebaños. Nunca olvidaremos cuando vino el ángel y nos anunció las buenas nuevas de su nacimiento.

MARCOS. —Sí, y una multitud de las huestes del cielo apareció, y la gloria del Señor resplandeció todo a nuestro alrededor y nos habló sobre el nacimiento de este niño aquí en Belén.

TOMÁS. —La verdad es que tuvimos mucho miedo, pero hoy podemos ver a este niño hermoso. El ángel dijo que eran buenas noticias de gran gozo y así lo creo; es el gozo de nuestra salvación.

RUBÉN. —Sí, es muy bello. El ángel dijo también que vendría la paz a todos los hombres de buena voluntad. Eso quiere decir que este niño ha venido para que tengamos paz en él, y creyendo recibamos el perdón de nuestros pecados.

SÉFORA. —¿No ha sido esta la más gloriosa experiencia de nuestra vida? Fíjense, nosotros los habitantes de Belén hemos sido honrados con el nacimiento de este niño, Jesús, quien las escrituras habían predicho que nacería para salvación del mundo.

ESTEBAN. —Verdaderamente ha sido el milagro más grande de toda la historia. Pero, ¿se dan cuenta? Nació en mi establo, mi pequeño pesebre le sirve de cuna; un rey ha venido a mi casa.

RUT. —¿Te acuerdas, Esteban, que yo te dije que nuestros padres sin saberlo habían hospedado ángeles? Tú, en cambio, hospedaste al hijo de Dios. Imagínense, haber presenciado el nacimiento del Hijo de Dios, el Mesías prometido.

SÉFORA. —Hoy hemos comprobado que las profecías de las Escrituras se han cumplido para gloria de Dios y para bendición del mundo.

MARTA. —Bendito sea Dios, porque no se ha olvidado de nosotros, hoy hemos presenciado el inicio de la salvación del mundo, libertad para nuestras naciones, perdón de nuestros pecados y la promesa de entrar libremente en el reino de Dios.

ESTEBAN. —Hoy es tiempo de fiesta. Hoy es tiempo de alegría y regocijo. Nació el redentor, nació el príncipe de paz, nació nuestro Salvador.

SÉFORA. —Regocíjate tierra, alégrate Jerusalén porque ha nacido tu redentor.

Canto coral: finaliza con un canto de júbilo.

HA NACIDO EL SALVADOR

Rubén O. Zorzoli

OBRA EN CUATRO ACTOS

Basada en Mateo 1:18-25; Lucas 1:26-38; 2:1-38

PERSONAJES:

Relator
Madre
María
Ángel Gabriel
José
Ángel
Mesonero
Mesonera
Simeón
Pastores
Magos

Grupo coral

PRIMER ACTO

(La escena se ubica en un hogar judío del primer siglo. María y su madre están doblando y acomodando ropa, o alguna otra tarea hogareña. Permanecen en silencio mientras se escucha al relator).

RELATOR. —La noche anterior había sido de gran fiesta en el hogar de María. Fue la noche en que la jovencita se comprometía con José, un nativo de Belén, quien ahora vivía en Nazaret. Todavía el entusiasmo embargaba a la muchacha, pues se estaba acercando el momento tan deseado de la boda. Encontramos a María conversando con su mamá acerca de las experiencias del día anterior.

MADRE. —...lo que sucede es que no tuviste tiempo para mirarla o conversar con ella. ¡Estabas tan embelesada con tu José! *(Ríe y acaricia el rostro de María).*

MARÍA. —Mamá, que me haces poner colorada. Pero, cuéntame, ¿qué es lo que le pasó a Elisabet?

MADRE. —Pues le sucede algo maravilloso, y a la vez incomprensible. ¿Estás preparada? ¡Nuestra prima Elisabet está esperando un hijo!

MARÍA *(muy asombrada).* —¿Cómo? Si ella no puede...

MADRE *(la interrumpe).* —Eso es lo que creíamos todos, pero así ha sucedido. Elisabet me contó que estuvo estos últimos cinco meses en su casa, sin salir, y que ayer acudió a tu fiesta en la primera salida desde entonces. Algo muy raro le ha pasado también a Zacarías. Elisabet me contó que él estaba oficiando en el templo y cuando salió estaba completamente mudo, y sigue así hasta ahora. Por eso no vino anoche. Todos los que lo vieron salir mudo del templo dijeron que debe haber tenido una visión de Jehová acerca de este asunto del niño.

MARÍA. —¡Qué maravilloso, mamá! Y yo que lo pasé por alto... pero escucha... quizá pueda viajar para ir a verla... puede ser mañana mismo... y puedo quedarme con ella para ayudarla con la llegada del bebé. Ella no tiene a nadie que la ayude. ¿Qué te parece?

MADRE. —Creo que es una buena idea. Además, yo puedo arreglarme lo más bien con las cosas de la casa. Mañana arreglaremos tus cosas, y podrás viajar a la montaña. Bueno, mejor me voy a descansar, y te recomiendo lo mismo, hijita. El día ha sido muy agotador.

MARÍA. —¡Hasta mañana, mamá! *(Se besan. La madre sale del cuarto por el costado, quedando María sola. Continúa arreglando algunas cosas, y comienza, sin quererlo, a hablar sola).* ¡Qué cosa rara lo de Elisabet! ¡Quién lo hubiera dicho! ¿Cómo habrá sido posible?... Bueno, seguro que habrá una explicación... *(Se siente un pequeño ruido en uno de los laterales).* Pero, ¿qué es ese ruido? *(Por el lateral entra el ángel Gabriel, con vestiduras blancas).*

GABRIEL. —¡Buenas noches, María, la muy favorecida de Dios! *(María comienza a retroceder, asustada por las palabras del ángel).* Vengo a decirte que Dios está a tu lado, y que eres bendita entre todas las mujeres del mundo.

MARÍA *(muy asustada).* —¿Quién eres? Dices palabras tan maravillosas.

GABRIEL. —No tengas miedo, María. Yo soy Gabriel, un enviado de Dios. El Señor Jehová, el Dios de tu pueblo, me ha enviado para darte un mensaje muy especial. Dios ha mirado tu vida, y te ha elegido de entre todas las mujeres del pueblo para que traigas al mundo un hijo. Tú lo llamarás Jesús. Él vendrá para tomar el reino que Dios ha prometido desde el tiempo de David. Reinará sobre todo Israel, y será llamado Hijo del Dios Altísimo.

MARÍA *(titubeando).* —Pero, ¿cómo puede ser esto? Yo... yo no estoy casada... recién ayer me comprometí con José... y falta aún mucho tiempo para la boda.

GABRIEL. —María, tranquilízate. Dios tiene ya sus planes perfectos. En tu vida ocurrirá un milagro, el más maravilloso que el mundo pueda imaginar. El niño será un hijo de Dios, pues su Espíritu Santo hará en ti el milagro de la concepción.

MARÍA *(aún algo vacilante).* —No alcanzo a entender todavía... ¿Cómo puedo tener un hijo sin un esposo?

GABRIEL. —María, hay muchas cosas que no alcanzarás a entender, y tampoco lo entenderán los tuyos. Pero Dios tiene poder para realizar este milagro: en tu pureza de virgen Dios traerá a su Hijo a este mundo. Tampoco tu parienta Elisabet podía tener hijos. La llamaban la estéril. Sin embargo, ya está en el sexto mes de su embarazo. *(Con mucho énfasis).* Debes comprender que no hay nada imposible para Dios.

MARÍA. —Aún estoy confusa... pero reconozco ese poder del Señor Jehová. Yo soy sólo una joven humilde del pueblo del Señor. Pero estoy dispuesta a que el Señor Dios haga en mí lo que ha dispuesto. Soy simplemente su sierva... *(El ángel sale, y mientras lo hace se apagan las luces del escenario).*

SEGUNDO ACTO

(Al iniciarse la escena, José está sentado frente a una mesa. Su actitud es de meditación. Comienza hablando el relator).

RELATOR. —Ya han pasado tres meses. María estuvo con su parienta Elisabet y regresó al hogar después del nacimiento de Juan. A su regreso José acudió pronto a recibirla, y María comprendió que era el momento de comunicarle a José que estaba esperando un hijo. El momento fue muy doloroso para José, quien quedó con muchas preguntas amargas en su corazón.

JOSÉ *(se pasa las manos nerviosamente por el cabello. Luego se detiene y comienza a recorrer el cuarto hablando solo).* —¿Qué puedo hacer, Señor? Esto es algo que yo no esperaba... ¿Qué dirá la gente al saberlo? Yo no sé qué voy a hacer... Señor, tú sabes lo que puede haber sucedido... *(Mirando hacia arriba).* Yo no quiero que María sufra las burlas del pueblo... (*De pronto golpea un puño contra el otro).* ¡Ya está!... Claro, ¿cómo no lo había pensado antes? Me voy a ir del pueblo... quizá a Belén con mi familia o a otro lugar. Aunque me duela, Señor, porque amo mucho a María... pero así será mejor. De ese modo la culpa caerá sobre mí... y María quedará libre de nuestro compromiso... Eso... eso es lo que voy a hacer. *(Se sienta nuevamente. Apoya su cabeza sobre sus brazos. Comienza lentamente a quedarse dormido).*

VOZ *(desde fuera de la escena).* —José, del pueblo y de la familia del rey David, Dios ha conocido tus propósitos, y es muy honesto de tu parte que hayas pensado en hacer esto. Pero te voy a revelar la verdad acerca de María y de su hijo. Debes recibirla como tu esposa sin ningún temor, pues Dios ha realizado un milagro por medio de su Espíritu Santo en la vida de ella. María es la virgen que Dios ha elegido de entre su pueblo, como ya lo había anunciado el profeta Isaías, ¿recuerdas?: "He aquí, una virgen concebirá, y dará a luz un hijo, y llamarás su nombre Emmanuel, Dios con nosotros". Por eso, José, debes unirte a ella en santo matrimonio, pues el niño que nacerá será el que Dios ha dispuesto para salvar a su pueblo de sus pecados. Por eso lo llamarás Jesús, el Salvador. Dios te ha elegido también a ti para el cuidado y la crianza de este niño, y debes cumplir tu misión.

JOSÉ *(en pocos momentos despierta de pronto).* —¿Qué ha sucedido? ¡Qué sueño extraño y maravilloso he tenido! ¿Será que Dios me ha hablado como a José en la antigüedad, por un sueño? ¡Oh, Señor! Yo no comprendo muy bien lo sucedido, pero creo que me has dado un mensaje. Oh, ahora comprendo por qué María permanecía callada ante mis preguntas... ¡Pobre, haber dudado un momento de ella! ¡Corro a pedirle perdón! *(José se levanta y sale apresuradamente de escena. Se apagan las luces).*

TERCER ACTO

(La acción se ubica en la puerta del mesón de Belén. El mesonero y su esposa están sentados allí. Permanecen en silencio mientras el relator presenta la escena).

RELATOR. —Han pasado ya seis meses desde el anuncio a José. Augusto César, el emperador romano, ha dispuesto que se realice un censo general de la población del imperio. Por eso cada familia debe viajar hasta su lugar de origen. José, de la familia de David, comienza el viaje desde Nazaret hasta Belén, acompañado por María, su esposa. El viaje es difícil, pues ya es casi el tiempo del nacimiento del niño. Viajan con temor y esperanza a la vez, pues están ansiosos por la llegada del niño, aunque temen que el nacimiento suceda por el camino. Allí en Belén están conversando el mesonero y su esposa...

MESONERO. —¡Qué día terrible! ¡Qué bueno que ahora podemos descansar!

MESONERA. —Tienes razón. Con este asunto del censo no hemos parado un momento de atender a los viajeros. Es que Belén es tan pequeño y no hay lugares para dormir...

MESONERO. —Lo que es nosotros ya hemos agotado la capacidad. Espero que no se le ocurra aparecer a alguien más.

MESONERA. —No, seguramente que no, porque ya es muy tarde... ¡Pero, mira! Allí se acerca alguien...

MESONERO. —Tienes razón, es una pareja... *(Llegan lentamente José y María. María muestra señales de dolor. Pone sus manos sobre su vientre, buscando alivio).*

JOSÉ. —¡Buenas noches, mesonero! Ya creíamos que no podíamos llegar. ¿Habrá un cuarto para nosotros?

MESONERO. —Lo lamento, señor, pero estábamos comentando con mi esposa que no queda ningún lugar disponible. El mesón está repleto.

JOSÉ. —Pero con cualquier lugar nos arreglamos... ¿Sabe? Mi esposa está con dolores de parto. No creo que pase esta noche y necesitamos un lugar para descansar y para esperar al niño. ¿Podrá ubicarnos en algún lado? Por favor...

MESONERO. —Es que no tenemos ningún lugar, señor...

MESONERA *(lo interrumpe).* —¡Pero, algo vamos a tener que hacer! Yo comprendo lo que ella está pasando... Si ustedes quieren, podemos arreglar un poco el establo, limpiando un lugarcito allí, y de ese modo podrán arreglarse para pasar la noche. ¡Ya voy para allá a prepararlo! *(Sale rápidamente por el lateral).*

JOSÉ. —¡Gracias! Lo importante es ubicarnos y que María pueda descansar.

MESONERO. —Bueno, si es así, vengan que los guiaré hasta el establo. *(El mesonero les indica la salida por el lateral y salen los tres mientras se apagan las luces).*

RELATOR. —De esta forma, y en un humilde pesebre en Belén, María y José se prepararon para pasar aquella noche. Era la noche que Dios había dispuesto para la llegada del niño. El llanto del nuevo ser resonó en aquel lugar que siempre había sido usado por los animales de aquella posada. *(Se escucha el llanto de un bebé. Al encenderse las luces aparece en escena María,* *recostada, José y el niño acostado en el pesebre. En un rincón apartado el mesonero y su esposa observan la escena, asombrados y felices).* Algo misterioso rodeaba aquel nacimiento. En un campo cercano, unos pastores recibieron un anuncio sorprendente: "Ha nacido el Salvador, que es Cristo el Señor". Los pastores se miraron asombrados. El ángel enviado por Dios les indicó que hallarían a aquel niño en un establo de Belén. El cántico triunfal resonó en la campiña israelita.

(Un grupo coral cantará "Gloria a Dios en las alturas" o se escuchará una grabación de esa música. Mientras dura la música, los pastores entran lentamente en la escena. Pueden ser dos o tres, que se acercan cautelosos al niño y se ubican cerca del pesebre. Al finalizar la música continúa el relator).

RELATOR. —La escena expresa la adoración sincera de aquellas personas. Nadie intenta preguntar nada. El silencio los eleva ante todo lo que se ha anunciado acerca de este niño. De pronto, se escuchan ruidos afuera...

(Mientras se escucha otra canción por un grupo coral o una grabación de música navideña, entran en escena los magos. Se acercan a María, José y el niño, y uno a uno entregan los regalos que han traído para el niño. Luego, con música suave, continúa el relator).

RELATOR. —¿Qué es lo que ha sucedido? Esa noche espectacular de Belén marca el comienzo de una vida a través de la cual vendría la salvación y el perdón para el mundo entero. El milagro de aquel nacimiento traía el perdón al mundo pecador. Allí estaba Dios hecho hombre, con el mensaje de paz para todos los seres humanos.

(Se aumenta el volumen de la música al terminar el acto).

CUARTO ACTO

(La escena ocurre en el templo de Jerusalén. Se puede colocar en el centro una estrella de David y un candelabro de siete brazos para que se ambiente la acción. Entran por el lateral María, José y el niño. El relator comienza a hablar).

RELATOR. —Han pasado cuarenta días desde el nacimiento milagroso en Belén. El niño ha sido llamado Jesús, o sea el Salvador. Su madre y José están aún un poco confundidos acerca de todo lo que ha sucedido. No logran comprenderlo todo, pero se dan cuenta de que Dios está presente de una manera especial con el niño, y también con ellos mismos. Como fieles judíos acuden al templo de Jerusalén para ofrecer el sacrificio acostumbrado.

JOSÉ. —Bien, María, ya estamos cumpliendo con la ofrenda por el niño. Aunque el viaje ha sido cansador, era necesario obedecer a la ley del Señor.

MARÍA. —Sí, José, pero todavía estoy muy confundida. ¡Han pasado tantas cosas maravillosas en mi vida! Quiero de corazón adorar aquí al Señor pues sus bondades me han colmado. Dios nos ha dado una felicidad tremenda.

SIMEÓN *(entra por un lateral. Es un anciano encorvado, de larga barba blanca. Se acerca lentamente a la pareja)*. —¡Paz a vosotros, hijos míos! No temáis que me presente así, tan imprevistamente. Mi nombre es Simeón. Hace muchos, muchísimos años que estoy estudiando las profecías del Señor en cuanto a la llegada del Mesías que esperamos... El Señor me ha dicho que yo no vería la muerte hasta poder contemplar a su Ungido. Hoy estaba orando, y Dios me mostró que debía venir al templo, pues allí vería al Salvador esperado. ¡Ese Salvador esperado es vuestro niño, al que trajisteis hoy al templo! *(María y José se miran asombrados ante aquellas palabras. Simeón se acerca aun más).* ¿Me permiten tomar al niño en mis brazos? *(María se lo entrega. Simeón toma al niño y habla mirando al auditorio).* Ahora, Señor, ya me puedo morir en paz, pues has cumplido tu promesa para conmigo. Tu palabra nunca falla. Ahora mis ojos están contemplando la salvación que tú has procurado para este mundo a través de este niño. Y esta salvación será para todos los pueblos del mundo: para los gentiles que están lejos de ti y para tu pueblo Israel. Señor, gracias por el Salvador que has enviado al mundo. *(Simeón entrega el niño a María).* Mujer, no te asombres por este dicho. Este niño crecerá y cumplirá el propósito salvador de Dios para el mundo. A través de él Dios mostrará la verdad o la mentira de muchos corazones. Su vida será de obediencia y servicio a Dios, como profeta y Salvador enviado por Dios. Aunque habrá un dolor que traspasará tu corazón, la vida entregada de él por el mundo traerá el perdón divino a muchos corazones. ¡Este es el Salvador del mundo!

(Permanecen en silencio mientras se escucha una música grabada o canta el grupo coral. Se apagan las luces).

Telón final

UNA NOCHE ESPECIAL

Waldemar Morales

DRAMA EN ONCE ACTOS

PERSONAJES:

Don Francisco
Doña Elena
Cristina
Jorge
Ángel
Isaías
Ezequías
Mardoqueo
Timoteo
Priscila
Raquel
Simón
Soldados (3)
Mujeres (3)
Judíos (3)

Nota: Los cantos que aquí se mencionan son sugerencias. Pueden remplazarlos por otros, siempre que correspondan con el tema.

PRIMER ACTO

(Aparece una familia sentada alrededor de la mesa. Todos conversan).

DON FRANCISCO. —Apúrense, hijos. Esta noche tenemos que estar temprano en la iglesia, *(mira su reloj)* ...y la verdad que ya se ha hecho tarde.

DOÑA ELENA. —Sí, hijos, recuerden que esta noche es muy especial pues celebraremos el nacimiento del Hijo de Dios, nuestro Salvador.

CRISTINA. —¡Vaya si es especial! A mí me encanta la Navidad: hay mucho que comer, muchos regalos, alegría, música bonita; además de lo lindo del culto en la iglesia, por supuesto.

DON FRANCISCO. —Hija, recuerda que eso no es todo en

Navidad. Realmente la Navidad no son los regalos, o la comida; lo más importante... *(Jorge interrumpe).*

JORGE *(interrumpiendo).* —Ya lo creo que no es lo más importante; todo lo que dices es una sarta de tonterías. Lo realmente bueno de esta fecha es que puedes disfrutar de una gran noche sin que nadie te lo reproche; puedes ir de parranda y bailar hasta el cansancio. Por eso es especial esta noche.

DON FRANCISCO. —Todo lo que dices también son puras tonterías, Jorge. ¡Cómo lamento que hayamos conocido a Jesús tan tarde en nuestra familia! Lo que dices es la peor celebración que podría hacerse de la Navidad. Lo grandioso es que celebremos el nacimiento de nuestro Salvador Jesús.

DOÑA ELENA. —Sí, Jorge, esta fecha es hermosa puesto que conmemoramos el nacimiento del Hijo de Dios, ya que es por él que podemos entrar al cielo y ser parte de la gran familia de Dios.

JORGE. —Pero ¿cómo pueden ustedes estar diciendo esto? ¿No se dan cuenta de que con ideas tan tontas como esa les han lavado el cerebro para mantenernos alienados? El cielo, ...la patria celestial, ...el Hijo de Dios, ...no entiendo cómo personas como ustedes pueden creer esas tonterías. Si hay un Salvador, ¿por qué no hace nada por la situación tan miserable en la que vive su mundo? Por favor, despierten, dense cuenta de que con eso nunca podremos solucionar los problemas que aquejan a nuestro país.

DOÑA ELENA. —Jorge, por favor no digas esas cosas, debes experimentar un encuentro con Jesús para darte cuenta de que estás en un error. La paz que buscas, las respuestas que buscas sólo las puedes encontrar en Jesús. Sólo él puede llenar tu vacío y tu necesidad.

DON FRANCISCO. —Claro, hijo. A nosotros nadie nos ha lavado el cerebro, como dices. Sencillamente, un día creímos en Jesús y él cambió nuestra vida. Tú conoces los problemas que teníamos como familia y él, en cambio, nos llenó de paz. Comprendimos entonces que la paz de Dios es la única paz que el mundo necesita y que dará la solución a los problemas que tanto te preocupan.

CRISTINA. —Sí, Jorge. Aunque yo no entiendo nada de lo que dices, creo que necesitas a Jesús en tu vida.

JORGE. —¡Ay, hermanita! Ya lo creo que no entiendes nada. Sólo espero que algún día despiertes. Yo prefiero seguir como estoy y gozar la vida a mis anchas.

DOÑA ELENA. —Jorge, sería bueno que esta noche nos acompañaras a la iglesia; creo que esto puede ayudarte a entender la celebración que hoy tenemos.

JORGE. —No, mamá, prefiero vivir la vida como realmente es y no con fantasías. Perdona, pero todo lo que necesito lo he encontrado con mis amigos de la facultad. A propósito: hoy quedamos en juntarnos para celebrar un poco; vayan ustedes a su iglesia que yo voy a la mía.

CRISTINA. —Papá, mejor vámonos porque el tonto de Jorge no entiende. Sería bueno que probaras con una buena zurra como las que a veces me das a mí. Creo que si yo entiendo, él también entenderá.

JORGE. —Oye niña, quien te dará una zurra a ti seré yo, si no te vas pronto.

CRISTINA. —¡Ja, ja, ja! Eso si me alcanzas. Hasta luego… *(Sale corriendo).*

DON FRANCISCO. —Adiós, Jorge. Esta noche estaremos orando mucho por ti. Nos vemos más tarde. *(Salen).*

JORGE. —Bueno, que les vaya bien. ¡Pobre familia mía! Esperando un futuro mejor, celebrando el nacimiento de Jesús el Salvador... *(Ve que sobre la mesa hay una Biblia abierta).* ¿Qué es esto? *(Toma la Biblia y la abre, lee en voz alta)*: "Varón de dolores, experimentado en quebrantos…". Vaya, parece un líder sindical... y los ángeles cantaban "Gloria a Dios en las Alturas". Yo la única vez que me sentí en las alturas fue cuando me pasé de tragos en la fiesta de la escuela... ángeles y alturas anunciando al Salvador… cuentos infantiles... *(Se recuesta en una silla mientras sigue leyendo. Se escuchan las estrofas de un canto. Bajan las luces, y hace como que se queda dormido. La luz se hace un poco más fuerte y aparece el ángel).*

JORGE *(levanta la cabeza lentamente, sorprendido, en dirección al ángel).* —Sabía que leer este libro me enfermaría. Ahora ya estoy teniendo visiones.

ÁNGEL. —Jorge, he sido enviado para que conozcas a aquel que nació en Belén hace ya mucho tiempo.

JORGE. —Sin duda que esto es una broma de papá para que yo también me una a sus creencias.

ÁNGEL. —No, Jorge, no es una broma; estás muy equivocado. Tú no sabes nada de la Navidad. La Navidad es algo más profundo de lo que te imaginas. ¿Sabes? Si toda la gente cambiara y buscara a Cristo entonces el mundo sería mejor, tendría la ansiada paz, el egoísmo no existiría, se terminaría la violencia y reinaría el amor. Es una verdadera pena que el mundo no comprenda estas verdades del nacimiento de Jesús. Pero ven, te mostraré al autor de la Navidad porque es necesario que lo conozcas.

JORGE. —¿A dónde me llevas? Lo que dices suena interesante. Sólo te recuerdo que debo volver temprano porque si no, se me arma una buena con mis viejos.

ÁNGEL. —No te preocupes. Sólo te advierto que verás cosas pero no puedes hablar; nadie te podrá escuchar. Te mostraré a un anciano que habló de Jesús mucho antes de que naciera, profetizando su venida. Eso fue realmente milagroso.

(Salen juntos del escenario).

SEGUNDO ACTO

ÁNGEL. —Recuerda que nadie te puede escuchar. Tú solamente podrás ver y oír. Verás todo el relato de las cosas que acontecieron referentes al Mesías, el Hijo de Dios.

JORGE. —Realmente esto es espeluznante, pero adelante; deseo ver las cosas que tú dices.

(Salen por la puerta del frente para ver el desarrollo de la obra).

ISAÍAS. —Dios nos ha hablado. Sentenció a sus adversarios y dictó su designio contra todos aquellos que hacen iniquidad. No ha cesado su enojo por cuanto el pueblo no ha querido hacer lo que les pide. El pueblo no busca a Dios; por eso en un mismo día el SEÑOR cortará a Israel. El Señor no se compadecerá de sus jóvenes ni tendrá misericordia de sus huérfanos y ni de sus viudas, porque cada uno es impío y malhechor, y toda su boca habla insensatez. Sin embargo, aunque no ha cesado su enojo, su mano todavía está extendida a favor de su pueblo.

EZEQUÍAS. —Yo sé que hemos pecado; sin embargo, si dices que la mano de Dios está extendida a favor de su pueblo dime ¿qué hemos de hacer para detener el enojo de Dios? Necesitamos que nos perdone y que su ira se aparte de nosotros. Ciertamente Dios es celoso y odia el pecado, pero dime ¿qué haré, que haré, para que su sentencia no acontezca? ¿Qué esperanza tendremos para nuestro futuro?

ISAÍAS. —Pero acontecerá que después de que el Señor haya acabado toda su obra en el Monte Sion y en Jerusalén, castigará también el fruto del corazón soberbio de los reyes de la tierra que han apartado su corazón del Señor. Porque ha dicho que "el SEÑOR Dios de los Ejércitos enviará enfermedad a sus robustos, y debajo de su gloria encenderá una hoguera como fuego abrasador. La Luz de Israel será por fuego; y su Santo por llama que consume y devora en un día sus cardos y sus espinos. Consumirá desde el alma hasta la carne, la gloria de su bosque y de su campo fértil; y vendrá a ser como cuando desfallece un enfermo".

EZEQUÍAS *(con los ojos hacia el cielo).* —Pero, mi Señor; entonces no hay esperanza para tu pueblo. Sólo nos queda el dolor y el sufrimiento. Todo terminó… todo terminó. Aunque lo merecemos por nuestro pecado, por favor, acuérdate de nosotros por amor de tu nombre.

JORGE. —Vaya, parece que este pueblo está destrozado. Dios

ha dictaminado su destrucción, pareciera que quitará la memoria del pueblo sobre la faz de la tierra.

ÁNGEL. —Así parece, Jorge. Sin embargo, Dios es un Dios amante, y su destrucción no será total. Necesitas ver lo que Dios todavía dictaminó sobre el pueblo.

MARDOQUEO. —Pero siempre nuestro Dios ha sido un Dios de misericordia. Recordemos a nuestros padres a quienes, aunque también muchas veces se volvieron al mal, Dios los perdonó y honró el pacto que hizo con ellos. Les dio la oportunidad de volver a su gracia. Quizás esta vez Dios nos vuelva a perdonar para alcanzar su misericordia.

(Mientras Mardoqueo todavía habla, se inicia el fondo musical del canto del coro. Todos los cantantes están entre la congregación. Se levantan cantando y se dirigen al escenario).

ISAÍAS. —¡Oídme, oídme, pueblo de Israel! Vosotros los que seguís la justicia, los que buscáis al SEÑOR. Ciertamente el SEÑOR consolará a Sion, él consolará todas sus ruinas. Convertirá su desierto en Edén y su región árida en huerto del SEÑOR. Alegría y gozo habrá en ella, acciones de gracias y sonidos de cánticos... Porque un niño nos es nacido, un hijo nos es dado, y el domino estará sobre su hombro y se llamará su nombre Admirable consejero, Dios fuerte, Padre eterno, Príncipe de paz. Lo dilatado de su dominio y la paz no tendrán fin sobre el trono de David y sobre su reino para afirmarlo y fortalecerlo con derecho y con justicia desde ahora y para siempre. El celo del SEÑOR de los ejércitos hará esto.

(Se inicia un fondo musical del canto anterior y las mujeres, dando un paso adelante, comienzan una danza hebrea).

TERCER ACTO

(Todos están en el mercado, algunos de ellos en grupos. Están conversando sobre la situación de Jerusalén).

TIMOTEO. —No sé qué vamos a hacer, puesto que nuestra ciudad está de mal en peor; mira cómo nos tienen estos tiranos romanos.

PRISCILA. —Sí, pero la verdad es que vivimos en esta situación porque Dios se ha olvidado de nosotros. Recuerden que nuestro pecado, según lo que dicen nuestras escrituras, nos aparta de Dios y eso es lo que ha sucedido; estamos solos en el mundo.

RAQUEL. —Sí, Priscila. Sin embargo, recuerda que las profecías hablan de la venida de un Mesías, alguien que vendrá para librarnos de la esclavitud y de esta tiranía. Cuando él venga las cosas cambiarán, podremos vivir en libertad y de acuerdo a nuestra religión.

SIMÓN. —¡Pero, por favor! ¿Cómo pueden ustedes creer todavía en un Mesías? Es seguro que nunca vendrá, y nosotros tendremos que soportar a los romanos hasta el día de nuestra muerte que, a decir verdad, ojalá sea pronto porque ya no podemos más.

TIMOTEO. —Aunque ahora que lo recuerdo, las profecías de Isaías sí nos hablan del Mesías, el gran libertador. Pero, ¿por qué no ha venido? ¿No ha visto nuestra situación? Bueno, después de todo es mejor creer que vendrá. Sí, yo creo que va a venir y va a hacer algo por nosotros.

PRISCILA. —Recordemos también que, así como estuvo con

nuestros padres en el desierto cuidándolos y protegiéndolos, así también ha estado con nosotros; siempre hemos recibido su ayuda y realmente nunca nos ha dejado.

RAQUEL. —Sí, yo estoy convencida de que el Mesías vendrá; yo sé que vendrá y ¿saben una cosa?, yo creo que seremos testigos del milagro, creo que no tardará mucho su venida, y le veremos.

SIMÓN. —Bueno, mientras esperamos que venga nuestro Mesías creo que no podemos quedarnos por mucho tiempo aquí parados. Recuerden que los romanos nos tienen prohibidas las reuniones. Oremos y esperemos que Dios, en su misericordia, se acuerde de nosotros. Él no nos abandonará; nuestro Rey vendrá.

RAQUEL. —Yo necesito comprar algunas cosas en el mercado para la casa. Hasta luego entonces. *(Mientras se dirige a comprar con los vendedores del mercado, se apagan las luces).*

CUARTO ACTO

(Al iniciar esta escena, Jorge y el ángel están en el escenario).

JORGE. —Esto sí que está difícil, pareciera la misma historia de mi tiempo: un pueblo lleno de crisis de todo tipo; parece que han perdido la esperanza, como yo.

ÁNGEL. —Sí, Jorge, pareciera que han perdido la esperanza, pero no todos. Todavía había algunos que esperaban la aparición del Mesías para resolver sus problemas.

JORGE. —Tienes razón. Pareciera que estoy viendo a mi familia, esperando algo que solucione sus problemas.

ÁNGEL. —Bien, Jorge, mejor sigamos viendo lo que pasa con el pueblo y la venida de su Mesías.

(Aparecen María y José sentados en algún lugar de la calle. Están hablando y haciendo planes para el futuro).

MARÍA. —José, por alguna razón siento que esta es una noche particularmente especial. Siento como que algo muy importante va a pasarnos muy pronto.

JOSÉ. —Por supuesto, María, yo estoy igual. ¿Sabes una cosa? Creo que el acontecimiento tan especial del que hablas es nuestra boda.

MARÍA. —Sí, puede que sea la emoción de nuestra boda lo que me hace sentir así tan inquieta; pero no sé, me siento muy emocionada, muy diferente.

JOSÉ. —¡Ya, ya, cálmate María! De lo contrario también a mí me pondrás nervioso, y mira que hasta ahora he estado tranquilo. Creo que será mejor que me vaya antes de que me ponga igual que tú.

MARÍA. —Está bien, José. También es tarde para mí; es hora de volver a casa. Pero siento en mi corazón decirte que te amo y espero que Dios bendiga la familia que vamos a formar, y que seamos muy felices.

JOSÉ. —Pero María, me asustas, será mejor que nos vayamos... yo también te amo y, pase lo que pase, nunca te dejaré.

(Salen los dos y se bajan las luces).

QUINTO ACTO

(Aparece María en su casa, sentada tejiendo. La luz es algo tenue. Una luz más fuerte distrae a María y aparece un ángel frente a ella. María se asusta y se inclina ante él).

ÁNGEL. —No, María, por favor, no te inclines ante mí. Yo sólo soy un mensajero del Todopoderoso y he venido para decirte que has sido muy favorecida.

MARÍA. —¿Cómo dices? No entiendo tu saludo. ¿Yo he sido muy favorecida, y me visita un enviado del Altísimo?

ÁNGEL. —Sí, María. Nuestro Señor te escogió para que tú seas la madre del Hijo de Dios, el Mesías prometido.

MARÍA. —¿Yo qué? ¿La madre del Hijo de Dios? Pero si yo sólo soy una sierva de Dios; mi bajeza no puede recibir este privilegio tan grande. Sólo soy una mujer más de Jerusalén que espera la venida del Mesías que ha de rescatar al pueblo.

ÁNGEL. —Dios te ha elegido, y al santo ser que nacerá lo llamarás Jesús porque él salvará al mundo de sus pecados. Los designios de Dios son poderosos y como ha dicho así será.

MARÍA. —¡Oh Señor! Si tú lo has designado, que así sea; haz conmigo de acuerdo a tu voluntad.

Número musical: una solista canta un canto referente a la anunciación de María.

MARÍA. —Ahora entiendo mi zozobra cuando estaba con José. Y ahora José… ¿qué pensará? ¿Qué idea tendrá de mí? Sin duda alguna me dejará, no me va a creer la hermosa visión que he recibido. Y yo lo amo, Señor, pero todo está bajo tu control, sea hecha tu voluntad. Tú sabrás cómo resolver las cosas.

SEXTO ACTO

(Aparecen José y María discutiendo, ambos con rostros ensombrecidos).

JOSÉ. —Pero María, ¿cómo pudiste hacerme esto a mí? Y más aún, tratar de engañarme diciéndome que serás la madre del Hijo de Dios. ¿Cómo se te ocurrió que yo me tragaría ese cuento? ¿Te crees mejor que cualquiera de las otras mujeres de nuestro pueblo?

MARÍA. —José, te aseguro que no es ningún cuento. Realmente Dios me envió a su mensajero para darme la noticia. Yo nunca te he sido infiel. Entiendo que dudes de mí y sé que no es fácil creer lo que te estoy diciendo; lo único que te digo es que no te estoy mintiendo. Por eso vine para decirte que estás en libertad de hacer lo que mejor te parezca; puedes dejarme si así lo quieres. Dios me ha de redimir.

JOSÉ. —María, tú sabes que te amo, pero la verdad es que no puedo creerte. Sin embargo, te prometo que no divulgaré nada de esto para respetarte y para que tu honor no sea mancillado. Pero entiéndeme, por favor, no puedo seguir contigo después de enterarme de lo que ha pasado.

(María se aleja un poco de José. Este se queda cabizbajo, muy acongojado. Se le aparece el mismo ángel que apareció a María).

ÁNGEL. —José, José, no dudes en tomar a María como tu

esposa. Lo que ella te dijo es la verdad. Yo mismo me aparecí a ella para decirle que Dios ha querido usarla para traer la salvación al mundo. El santo ser que lleva en su vientre ha sido concebido por el Espíritu de Dios. No la deshonres abandonándola; recíbela, pues su Hijo será llamado Hijo del Altísimo.

JOSÉ. —¡Oh Dios! Entonces es verdad. ¿Pero cómo podía yo saberlo? Gracias, Señor, porque me lo has revelado. Yo no quiero dejarla. Claro, claro que tomo a María como mi esposa; nunca la deshonraré; tomaré a este niño como mío yo lo criaré con amor y ternura. *(Corre hasta donde está María).* María, ¡qué bueno que te encontré! Dios me ha revelado la verdad de las cosas. No sé qué nos espera en el futuro; lo que sí sé es que siempre estaremos juntos esperando lo que Dios quiera hacer con nosotros.

MARÍA. —José, siempre estaremos confiando y esperando lo que Dios haga con nosotros y veremos la salvación de nuestro pueblo Israel.

JOSÉ. —Entonces vayamos nuevamente a casa; todos nos están esperando para nuestra boda.

(Ambos salen de escena y aparecen el ángel y Jorge).

JORGE. —Esto sí que ha estado bueno. Menos mal que yo sí vi cuando el ángel le habló a María porque, de lo contrario, yo tampoco lo hubiera creído. ¿Por qué, si es verdad todo esto, muchos no lo creen, compañero?

ÁNGEL. —Por supuesto que todo es verdad, Jorge. Dios quiso que su Hijo viniera de esta manera a este mundo tan necesitado y herido, para redimirnos y salvar al mundo.

JORGE. —Bueno, pero según la historia los romanos siguieron dominando a los judíos. ¿De qué los venía a salvar si no los liberó de la esclavitud?

ÁNGEL. —El Hijo de Dios vino para liberar a su pueblo primero de la esclavitud del pecado, porque habían llegado a este extremo debido al pecado contra Dios. Y luego también los libraría de la esclavitud humana. Y esto sí que lo podemos ver en la historia.

JORGE. —Creo que me estás convenciendo con todo esto. Entiendo que el Hijo de Dios vino al mundo para salvar a su pueblo, pero ¿qué de nosotros?

ÁNGEL. —Espera, Jorge, más tarde te lo diré. Ahora vamos, la historia todavía no termina. *(Las luces se apagan un poco, y el ángel y Jorge se hacen a un lado. Entra un grupo de soldados por la parte de atrás, uno de ellos va gritando).*

SOLDADO 1. —¡Atención, atención, atención! Todos deben reunirse en la plaza del pueblo. ¡Atención, atención, atención! Pronto, todos deben reunirse en la plaza del pueblo.

SOLDADO 2. —Mira esta chusma. ¿Qué se creerán? Nos ven como si fuéramos cualquier cosa.

SOLDADO 3. —Sí, deberían estar agradecidos de que somos nosotros quienes los conquistamos y les hemos dado seguridad a sus miserables pueblos.

SOLDADO 2. —Claro, sin embargo están siempre a la expectativa, esperando el momento adecuado para hacer revueltas y provocarnos problemas.

SOLDADO 3. —¿Acaso no se dan cuenta de esto? *(Gritando).* Chusma malagradecida, apresúrense, no tenemos todo el día para leerles el pregón de nuestro magnífico emperador.

SOLDADO 1 *(Cuando toda la gente está reunida lee el edicto real).* —Atención, atención: de parte de nuestro magnífico emperador Augusto César se ordena a todos los habitantes de todas las provincias que vuelvan a sus lugares de origen para inscribirse en el censo. Así que todos deberán volver a las ciudades en las cuales nacieron para ser censados. Es una orden; todo aquel que desobedezca será procesado en juicio como traidor al gran imperio romano.

LOS TRES SOLDADOS. —¡Abran paso, a un lado, quítense del camino, sigan con sus quehaceres, vamos muévanse, a un lado! *(Los soldados se abren paso entre la gente y se retiran).*

JUDÍO. —Tenía que ser. Estos romanos lo único que buscan es la manera de ponernos nuevos impuestos.

MUJER 1. —Sí, mientras estemos bajo su dominio no nos quedará otra cosa más que aceptar sus dichosos edictos reales. Pero cuando venga el Mesías, entonces las cosas serán diferentes.

MUJER 2. —Yo espero con ansias a nuestro Mesías, pero se me hace difícil creer que algún día aparecerá. A veces pierdo la esperanza porque veo tanta miseria y a nuestro pueblo tan avergonzado.

JUDÍO. —Nuestros padres hablaron del Mesías, los profetas hablaron del Mesías, pero ¿cuánto tiempo hace que estas profecías están en nuestros escritos y en nuestros corazones y no vemos su cumplimiento? Quizás Dios nos ha olvidado.

MUJER 1. —¿Cómo puedes decir esto? Yo creo que debemos seguir confiando en las promesas de Dios, no podemos rendirnos. Sigamos esperando, el Mesías vendrá, yo sé que vendrá.

MUJER 2. —Bueno, es mejor que sigamos. De todas maneras, nuestra nación seguirá adelante. Nosotros debemos tener un corazón alegre porque nuestra liberación vendrá. *(Mientras la mujer habla, se escucha la música de fondo y comienza una danza hebrea).*

SÉPTIMO ACTO

(Se inicia en las afueras del mesón, hay varias mujeres y hombres conversando).

MUJER 3. —¡Qué noche tan bella! Miren cómo resplandecen las estrellas; realmente el día ha estado lleno de conmoción. Con la llegada de tantos visitantes y peregrinos a nuestro pueblo hubo un momento en el cual pensé que ya no cabría la gente.

MUJER 4. —Sí, y díganme ¿han escuchado acerca de dos visitantes de Nazaret que buscaban alojamiento? No sé por qué todos están hablando de ellos. El único lugar en el que encontraron alojamiento fue en un establo.

JUDÍO 2. —Imagínense qué lugar para pasar la noche, pero lo impresionante es que dicen que ella estaba por dar a luz un bebé.

JUDÍO 3. —Realmente a mí me causó mucha lástima de ver al hombre y a la mujer en su estado. Me hubiera gustado invitarles a mi casa para que pasaran la noche, pero nosotros apenas cabemos y no tenemos lugar con todos los que somos.

MUJER 4. —¿Pero no notaron algo especial en ellos? Me han dicho que se llaman José y María; algunos rumores dicen que podrían ser los padres del Mesías.

JUDÍO 2. —Mujer, ¿pero cómo se te ocurre semejante cosa? ¿Crees que nuestro Mesías va a nacer en un establo en Belén?

JUDÍO 3. —Yo sí he escuchado ese rumor, pero lo que más me llama la atención es que un lucero ha dirigido a varios caminantes hasta el lugar y yo creo que eso no es tan normal como creeríamos. Han venido visitantes muy especiales para verle.

MUJER 3. —Yo también escuché eso, y la verdad es que creo que realmente podría ser nuestro Mesías esperado. Todos los acontecimientos de su nacimiento han sido tan sobrenaturales que cada vez que lo pienso se me eriza la piel.

MUJER 4. —Hablando de lo sobrenatural, me han comentado que este niño fue anunciado por ángeles a su madre y desde entonces todo se ha desarrollado de acuerdo a las escrituras, a todo lo que nuestros padres hablaron respecto del Mesías libertador.

JUDÍO 2. —Bueno, entonces vayamos y veamos estas cosas. ¡Corramos a verlo!

(Se apagan las luces).

OCTAVO ACTO

(Aparecen en escena los pastores cuidando sus rebaños).

PASTOR 1. —¡Qué noche! El bullicio y el frío son intensos.

PASTOR 2. —Sí, esta noche la ciudad parece una enorme fogata. Todos los caminantes buscan un lugar donde pasar la noche; muchos han tenido que dormir en las calles.

PASTOR 3. —Papá, ¿viste a aquella mujer que buscaba dónde pasar la noche y que parecía que iba a tener a su bebé? Pobre mujer; yo le dije a mamá que los lleváramos a casa pero ella dijo que no porque apenas cabíamos nosotros.

PASTOR 2. —Claro hijo, tus sentimientos son nobles pero era algo imposible de hacer.

PASTOR 3. —Fíjate, papá. He estado mirando el cielo y descubrí que hay una estrella que se mueve mucho más que las demás. Se ve como si se pudiera tocar; es como un gran faro que ilumina el camino de alguien.

PASTOR 1. —Eso es imposible. No existe tal estrella. ¿Cómo crees que una estrella se mueva tan rápido como para guiar el camino de algún caminante?

PASTOR 2. —Oye, yo pensé que estaba teniendo visiones porque he notado lo mismo que mi hijo. Mírala, se ve en el horizonte, allá sobre la ciudad. *(Mientras miran hacia el horizonte, una luz los ilumina y les aparece el ángel. Todos muestran asombro y temor cuando ven al ángel).*

ÁNGEL. —No tengáis miedo porque hoy traigo nuevas de gran gozo que será para todo el mundo. Hoy, en la ciudad de David os ha nacido un Salvador, que es Cristo el Señor.

PASTOR 1. —¿Un Salvador? ¿Dónde? ¿Cómo lo encontraremos? ¿En dónde está?

ÁNGEL. —Esto os servirá de señal: hallaréis al niño envuelto en pañales y acostado en un pesebre.

PASTOR 2. —¿Un Salvador, acostado en un pesebre?

ÁNGEL. —Id allá, y lo encontraréis como os lo he dicho, ¡Gloria a Dios en las alturas, y en la tierra paz, buena voluntad para con los hombres de todo el mundo!

PASTOR 1. —¡Qué visión más hermosa! El cumplimiento de las profecías, y nosotros somos testigos de esto. ¡Cuánto hemos anhelado la venida del Mesías! ¿Será este el niño que Dios tiene preparado para la salvación del mundo? ¿Para la libertad de nuestro pueblo?

PASTOR 3. —Papá, no perdamos más tiempo y vayamos a donde el ángel nos ha dicho para ver al Mesías.

PASTOR 2. —Sí, vayamos rápido a Belén y veamos esto que ha sucedido y que el Señor nos ha dado a conocer.

(Los pastores salen corriendo de la escena, pasando entre la congregación. Inmediatamente aparecen los tres sabios de oriente hablando entre ellos).

SABIO 1. —¡Vaya, por fin estamos llegando a nuestro destino! No entiendo cómo el rey Herodes desconocía el nacimiento de este niño.

SABIO 2. —Realmente se turbó cuando le hablamos del niño y le dijimos que iba a reinar sobre Israel y que llegaría a ser el Salvador del mundo.

SABIO 3. —¡Qué pronto convocó a los sacerdotes y los escribas! Ellos le revelaron lo que los profetas antiguos habían dicho: "Saldrá estrella de Jacob, y se levantará cetro de Israel".

SABIO 1. —Pero más se inquietó cuando le preguntamos dónde está el Rey de los judíos que ha nacido. Creo que tiene temor de perder el trono. Pareció estar confundido con nuestra búsqueda y con estas noticias que le compartimos.

SABIO 2. —Sin embargo, mostró mucho interés en nuestra búsqueda y nos pidió que le hiciéramos saber acerca del niño cuando lo encontráramos para venir y adorarlo también.

SABIO 3. —¡Miren! Aquella gran estrella que anunció el profeta y que vimos en el oriente durante todo nuestro viaje nos está guiando hacia aquel humilde lugar. ¡Creo que lo hemos encontrado, la estrella se detuvo!

SABIO 1. —Tienes razón, se ha detenido. ¡Hemos encontrado al niño! Apresurémonos, vayamos a verlo.

Solo: "Noche de Navidad".

JORGE. —Pastores y sabios… Qué contraste ¿no es cierto? Si era el Rey le hubiera sido más fácil nacer en un palacio en donde tuviera todos los cuidados y las prerrogativas de un rey. ¿No te parece, ángel?

ÁNGEL. —La verdad es que, humanamente hablando, por supuesto que hubiera sido lo mejor para un rey ordinario. Sin embargo, el niño que ha nacido no es cualquier rey que se esconde en un palacio alejado de su pueblo. Jesús es un rey que quiso relacionarse con su pueblo para comprenderlo, para conocer más de cerca sus debilidades y sus problemas y, de esa manera, ofrecerle solución real a los mismos.

JORGE. —Un rey que se acerca a su pueblo, ...un rey para todos, ricos y pobres..., uno que se identifica con todos para estar cerca de todos, ¡qué hermosa idea, qué gran rey! Pero sigamos, ángel, porque me estás haciendo perder la historia.

NOVENO ACTO

(Nuevamente en el centro de la ciudad. Mientras hablan, los personajes están rodeados por vendedores ofreciendo sus mercancías).

MUJER 1. —¿No ha sido esta la más gloriosa experiencia de nuestra vida? Nosotros, los habitantes de Belén, hemos sido honrados con el nacimiento de este niño.

MUJER 2. —Imagínense, haber estado en el nacimiento del Hijo de Dios, el Mesías prometido.

JUDÍO 1. —Hoy hemos comprobado que las profecías de las Escrituras se han cumplido para gloria de Dios y para bendición del mundo.

MUJER 1. —Bendito sea Dios, porque no se ha olvidado de nosotros. Hoy hemos presenciado el inicio de la salvación del mundo, libertad para nuestras naciones, perdón de nuestros pecados y la promesa de entrar libremente en el reino de Dios.

JUDÍO 1. —Hoy es tiempo de fiesta; hoy es tiempo de alegría y regocijo. Nació el redentor, nació el príncipe de paz, nació nuestro Salvador.

MUJER 2. —Regocíjate tierra, alégrate Jerusalén porque ha nacido tu redentor.

(Finaliza la escena con danza de alegría).

DÉCIMO ACTO

(La escena se desarrolla en el establo donde están José, María y el niño).

Solo: "Bebé Jesús".

JOSÉ. —Amada esposa, Dios ha sido muy bueno para con nosotros aunque estamos en la más humilde de las circunstancias. Yo sé ahora que nunca nos ha dejado y nunca nos abandonará.

MARÍA. —¿Sabes José? Hoy estoy recordando y meditando sobre aquellos momentos que pasamos cuando el ángel del Señor nos habló. Fueron momentos tan difíciles para entender, pero hoy que estamos aquí lo comprendo todo. Gracias a Dios por su don inefable para con nosotros.

JOSÉ. —Sí, María, entiendo que, a pesar de encontrarnos así en este estado tan bajo, Dios nos ensalzará mediante este niño, Jesús, el cual está destinado para ser el Salvador de todo el mundo.

MARÍA *(con entusiasmo).* —Sí, ¿no es maravilloso? Aquí en este lugar tan humilde tenemos en nuestras manos al Hijo de Dios. El ángel dijo que yo era muy favorecida. Entiendo ahora qué razón tenía cuando lo mencionó.

JOSÉ. —Isaías predijo muchas cosas acerca de Jesús, tal como te habló el ángel en aquella oportunidad. Bendito sea Dios por este precioso niño.

(María levanta al niño y lo pone en su regazo).

Solo: "Niño Jeshua".

JOSÉ. —Pero, ¿qué pasa? ¿Por qué tanto alboroto allá afuera? Mira, María, esos pastores que vienen allí; vienen muy aprisa y hablan con la gente, parece que algo los asustó. Y vienen hacia acá.

(Los pastores salen de entre la congregación. Vienen hablando y contando que vieron al ángel y les anunció el nacimiento del niño. Otros vienen detrás de ellos y se dirigen al pesebre).

PASTOR 1. —Hemos venido para ver a este niño porque, cuando estábamos en el campo guardando nuestros rebaños, un ángel nos anunció la buena noticia de su nacimiento.

PASTOR 2. —Sí, la gloria del Señor resplandeció a todo nuestro alrededor y una multitud de las huestes del cielo apareció y nos habló sobre el nacimiento de este niño, aquí en Belén.

PASTOR 3. —La verdad es que tuvimos mucho miedo, pero hoy podemos ver a este niño hermoso. Es muy bello ¿verdad, papá?

PASTOR 4. —Sí, hijo, es muy bello. El ángel dijo que nos daba una noticia de gran gozo, y realmente hoy podemos sentirlo y ver la razón para tener alegría. ¡Ha nacido el redentor del mundo!

MUJER EN LA MULTITUD. —Miren quiénes vienen por allá. ¡Cuánto lujo! Parecen reyes que han llegado a nuestra ciudad, y pareciera que vienen para acá.

(Entran los sabios).

SABIO 2. —¡Por fin! Ahora contemplo a este niño de mi ensueño.

SABIO 3. —Gracias, Señor. Ahora sabemos que no nos equivocamos en nuestros estudios acerca de este hecho maravilloso. Estábamos en lo cierto.

SABIO 1 *(se dirige a José y María).* —Una estrella extraordinaria nos guió hasta aquí. Evidentemente, el vuestro es un niño muy especial.

SABIO 3 *(se dirige a María).* —Verdaderamente es el Rey; el Hijo que Dios envió para salvación de todas las personas que crean en él.

(Tiempo para invitación del pastor).

(Entran desde atrás el ángel y Jorge).

ÁNGEL. —Jorge, ahora que te he mostrado la verdad de la Navidad dime, ¿qué piensas de lo que tus padres decían con respecto al Hijo de Dios?

JORGE. —¡Qué escena más maravillosa! Ahora entiendo que Jesús vino al mundo para perdonar a su pueblo, pero también para rescatar a todos aquellos que vienen a él no importando su pecado o su necesidad. Gracias, ángel, por haberme permitido conocer la realidad de Jesús. Creo en él y, desde hoy, mi corazón le pertenece. Gracias, Dios, por este regalo, este regalo de vida.

(Entra la familia de Jorge).

CRISTINA. —Jorge, ¡Qué hermoso es este momento cuando vemos que el Hijo de Dios vino porque nos amó a todos! Te amó a ti, a papá, a mamá y a mí. Gracias a Dios porque sin él nunca alcanzaríamos la vida eterna.

DON FRANCISCO. —Es verdad, hijo. Gracias a Dios por su don inefable para con nosotros.

DOÑA ELENA. —Realmente esta será una verdadera Navidad porque celebramos el nacimiento del hijo de Dios en la vida de Jorge. Bendito seas, Señor, por permitirnos ver este momento en el cual naciste en la vida de nuestro hijo Jorge.

ISAÍAS. —El pueblo que andaba en tinieblas vio una gran luz. A los que habitaban en la tierra de sombra de muerte, la luz les resplandeció. Le aumentaste la gente y acrecentaste la alegría… Porque un niño nos es nacido, un hijo nos es dado, y el dominio estará sobre su hombro. Se llamará su nombre Admirable Consejero, Dios Fuerte, Padre Eterno, Príncipe de Paz. Lo dilatado de su dominio y la paz no tendrán fin sobre el trono de David y sobre su reino, para afirmarlo y fortalecerlo con derecho y con justicia, desde ahora y para siempre, el celo del SEÑOR de los Ejércitos hará esto.

Canto: Final majestuoso de celebración.

SEGUNDA PARTE: SEMANA SANTA

LA SEMANA DE LA PASIÓN, SIGLO XXI

Carol Ann Martínez

Este drama imagina cómo hubiera sido la pasión de nuestro Señor Jesucristo en nuestros días. Por lo tanto, cada escena debe estar ambientada de acuerdo a la actualidad. Lo mismo se aplica al vestuario de cada personaje (soldados, gobernador, etc.). En el caso de Jesús, este personaje puede vestir una túnica blanca para destacarse de entre los demás.

PRIMER ACTO

(Video de dos locutores en la sala de noticias de un canal de televisión. ***Opción alternativa:*** *dos locutores en vivo, hablando enfrente de la cortina cerrada).*

LOCUTOR. —Interrumpimos nuestra programación regular para informarles que se ha girado una orden de arresto en contra de un señor llamado Jesús. En estos mismos momentos, está saliendo un contingente de la guardia nacional para ejecutar este arresto.

LOCUTORA. —¿De la guardia nacional? ¿Y esto? ¡Ni que estuviera planeando un golpe de estado!

LOCUTOR. —Pues, aunque no lo creas, esa es una de las acusaciones en su contra. Escucha qué interesante es esta información: Un amigo de él, uno de sus seguidores más allegados, es quien fue ante la guardia nacional para denunciarlo y prometer entregarlo. Él mismo los está dirigiendo a donde está Jesús en estos momentos.

LOCUTORA. —¿Tenemos alguna información más concreta en cuanto al porqué de su arresto? ¿Cuáles son los cargos en su contra?

LOCUTOR. —Pues, nuestra información no dice nada. Como dije antes, se rumoreaba que quería realizar un golpe de estado... ¡pero otros lo desmienten totalmente!

LOCUTORA. —Yo sé, además, que él tuvo sus fuertes controversias con los líderes religiosos, pero hemos tenido más datos de buenas obras y milagros que él realizó que de actividades de subversión.

LOCUTOR *(mirando al auditorio).* —Bueno, amigos, esta es toda la información que tenemos en estos momentos. Nuevamente, como resumen: Hay una orden de arresto contra Jesús, entregado por uno de sus mismos seguidores más allegados: Judas. Van contingentes de la guardia nacional para arrestarlo ahora mismo. No sabemos en este momento qué cargos específicos hay en su contra, pero conforme nos vayan llegando las noticias, les informaremos.

LOCUTORA. —Y recuerden... ustedes están escuchando al noticiero informativo del canal 66... ¡gracias por su preferencia!

(Fin del video de los locutores).

SEGUNDO ACTO

Escena: Jesús está en el "jardín". Detrás de él están Pedro, Juan y Jacobo. Jesús está de pie, dirigiéndose al auditorio.

JESÚS. —¡Pueblo mío! ¡Pueblo mío! Que matas a los profetas y apedreas a los que te son enviados. ¡Cuántas veces quise juntar a tus hijos, como la gallina a sus polluelos debajo de sus alas, y no quisiste! Y ahora...

(Voltea hacia los tres discípulos).

JESÚS. —Mi alma está tan triste y agobiada que siento que podría morirme en este mismo momento. Tengo que hablar con mi Padre. Pero por favor, ¡quédense cerca! ¡No me dejen solo! ¡Ustedes también deben estar orando en estos momentos! *(Se aparta y se tira al suelo).* Abba, ¡papá mío! Todas las cosas son posibles para ti. ¡Aparta de mí esta copa que estoy a punto de beber. ¡Apártala de mí! Si de alguna manera, este pueblo que te rechaza tanto, y a quien tú amas tanto, puede ser unido a ti de otra forma... Si de alguna manera puedes reconciliarte con ellos sin que yo tenga que morir en la cruz... Si de alguna manera puedes salvarles del infierno de la muerte eterna... sin que yo tenga que morir de forma tan cruel primero. Si hay cualquier otra cosa que puedes hacer, Señor, te lo ruego. *(Se levanta... y con fuerza y decisión):* Pero Dios, si no es posible, si esta es la única manera para redimir a tu pueblo, si es la única manera en que puedes ejecutar tu mayor acto de amor para reunirlos a ti, hazlo, Padre. Haz tu voluntad... no la mía. Tu voluntad, Padre. *(Jesús sigue postrado en el suelo, sollozando en agonía. Un ángel está con él).*

Número musical: Canto acerca de Getsemaní.

JESÚS *(se pone de pie).* —Sí, Padre. Sé cuál es tu voluntad y estoy dispuesto a hacerla. ¡Es tiempo de redimir a este pueblo tan perdido y rebelde que tú amas tanto! *(Va adonde están sus discípulos y los encuentra dormidos. Los sacude para despertarlos).* ¿No pudieron orar? ¿No pudieron estar conmigo en oración siquiera por un momento? *(Se oyen las sirenas a una distancia).* Pero ¡escuchen! ¡Ya vienen por mí!

(El auditorio se llena con el sonido de sirenas y luces centelleantes como de autos patrulleros. Entran por la parte de atrás hombres vestidos con uniformes militares contemporáneos. Personas previamente designadas salen de entre la audiencia y se unen a la guardia. Judas está entre ellos. Se oyen también en el trasfondo comunicaciones de radio. Todos enfrentan a Jesús).

JESÚS *(dirigiéndose a Judas).* —¡Hola, mi amigo! *(Judas le da un beso en la mejilla).*

JESÚS. —¿A quién buscan?

GUARDIA. —¡A Jesús!

JESÚS *(con voz fuerte y autoritativa).* —¡Aquí me tienen! ¡Yo soy!

(Todos se hacen hacia atrás, cayendo al suelo).

JESÚS *(mirándolos, mientras tratan de levantarse del suelo, algo desequilibrados).* —¿Así que a quién buscaban? *(Se inclina para levantar a uno. Es importante mostrar que en este momento, Jesús está en total control).* ¡Abran sus ojos! ¿No ven que yo soy?

(En este momento, él se entrega... lo toman bruscamente y empiezan a maniatarlo. De repente Pedro le corta la oreja a uno de ellos).

GUARDIA *(gritando de dolor).* —¡Me cortó la oreja! ¡Me cortó la oreja!

JESÚS *(se suelta de quienes lo están atando).* —¡Espera!

(Toma la oreja y la vuelve a pegar. Todos, otra vez, quedan como paralizados, asombrados. Luego reaccionan y lo vuelven a tomar bruscamente, y lo arrojan al suelo. Cae boca abajo).

JESÚS *(caído y con una voz forzada de dolor, se dirige a Pedro).* —Vuelve tu espada a tu lugar, porque todos los que tomen espada, a espada morirán. ¿Acaso no crees que puedo orar a mi Padre ahora, y él no me mandaría a 10.000 ángeles para rescatarme? *(Se dirige a los guardias; algunos de ellos le están apuntando con sus armas mientras lo atan).* ¿Y todas esas armas, qué? ¿Acaso me van a tratar como un ladrón común? ¡Si he estado entre ustedes, enseñando en sus iglesias todos los días, y ni siquiera me tocaron! Pero está bien... hagan lo que tienen que hacer. ¡Hoy es día en que reinarán las tinieblas! *(Los discípulos salen rápidamente por otra puerta mientras que los guardias sacan a Jesús a empujones y lo van llevando por entre la multitud, mientras que se ve el video).*

(Video de los locutores).

LOCUTOR. —Estas son las imágenes de Jesús en el momento de su arresto. *(Pregrabado durante el ensayo final).* Fue un arresto pacífico en el cual él no puso ninguna resistencia. Inclusive, en cierto momento dijo que, si quisiera, él podía mandar a traer a 10.000 ángeles para defenderlo. ¡Pero no lo hizo!

LOCUTORA. —Pero, ¿quién es este Jesús? ¿Por qué la gente más poderosa del gobierno y de la iglesia quiere encarcelarlo siendo que ha hecho tanto bien a la comunidad?

LOCUTOR. —Sí, desde que dimos la noticia de su arresto hemos estado recibiendo llamadas de personas consternadas.

Bueno, les hemos preparado un "clip" de diferentes actividades y momentos culminantes de la obra de Jesús. Les invitamos a que lo vean y observen... ¡y ustedes sean los jueces!

(Video del reportaje pregrabado en una casa).

REPORTERO *(desde afuera de la casa, mirando directamente a la cámara).* —¿Qué hacer cuando la esperanza muere? ¿Cuando la ciencia ya no funciona? Estamos frente a la casa de Jairo, un líder religioso muy conocido de esta comunidad. Sus vecinos lo conocen como un hombre de mucha confianza en sí mismo y muy controlado. Sin embargo, hoy la situación es diferente. *(Con énfasis):* Muy diferente. Porque detrás de estas puertas reina una profunda tristeza y desesperación. Recién han traído del hospital a su única hija, de escasos 12 años, a morir en casa, rodeada de sus seres queridos, víctima de un virus misterioso para el cual ni los médicos ni la ciencia ni la más alta tecnología han encontrado remedio. *(Voltea hacia la puerta).* ¡Un momento! ¡Alguien está saliendo de la casa! ¡Veamos qué noticias tiene! ¡Es el mismo Jairo!

REPORTERO. —Señor, ¿cómo está la niña?

JAIRO. —¡Mal! ¡Muy mal! *(Sigue caminando rápidamente).*

REPORTERO. —Según nos informaron, la niña está desahuciada. ¿Usted nos tiene una mejor noticia?

JAIRO. —¡Ninguna!

REPORTERO. —¿Entonces, sólo están esperando que se muera?

JAIRO. —¡No! ¡De ninguna manera! ¡Sé que Jesús está en la ciudad, y voy ahora mismo para buscarlo! *(Sube a su automóvil, cierra con fuerza la puerta y se va).*

REPORTERO *(otra vez mirando a la cámara).* —¡Este caso ha tomado un giro muy interesante! Ustedes lo escucharon, va en busca de Jesús, el conocido hacedor de milagros. Esto es particularmente interesante, porque la postura oficial del sector religioso al cual pertenece Jairo ha sido juzgar a Jesús como un charlatán y blasfemo. Mientras él regresa, intentemos ingresar a la casa.

(Entra, pero nadie le presta atención. Por todas partes hay descontrol y gente llorando. De repente se oyen gritos desde otro cuarto cuya puerta está cerrada): "¡Se ha muerto! ¡Se ha muerto!". *(Salen la presunta madre, histérica, y otros tratando de consolarla).*

REPORTERO. —Ustedes se dan cuenta de la histeria y descontrol que hay aquí. Lamentablemente, la niña se ha muerto… ¡ya nadie la va a poder salvar! ¡Ni siquiera Jesús!

MUJER. —¡Jesús! ¡Es cierto! Jairo fue por Jesús… ¡tenemos que avisarle que ya no tiene caso! ¡Qué tragedia!

REPORTERO. —Por lo pronto me despido de ustedes hasta cuando tengamos más noticias de la reacción de la familia, las autoridades y los planes para los funerales.

(Unos 15 segundos de silencio… luego otra vez al aire).

REPORTERO. —Aquí nos encontramos todavía en la casa de Jairo con noticias de que Jesús viene en camino con Jairo. Según tengo informes, tan pronto se le avisó que la niña había muerto,

Jesús insistió en venir de todas maneras... seguramente para dar las condolencias a los padres. Quiero repetir lo que dije al comienzo de este reportaje: Jairo es uno de los líderes principales de la iglesia cuya postura oficial es que Jesús no es más que un impostor. El hecho de que él haya acudido a Jesús en busca de ayuda en un momento tan crítico no tiene precedente. Seguramente por eso Jesús ha tenido a bien venir con la familia, aunque no hay nada que pueda hacer a esta altura. ¡Viene entrando en este momento!

(Abre la puerta y entran Jairo con Jesús y otras personas siguiéndole).

MAMÁ *(dirigiéndose a Jairo, histérica).* —¡Jairo! ¿Por qué te tardaste tanto? ¡Nuestra hijita ha muerto! ¡Ha muerto! *(Jairo la abraza tratando de sostenerla para que no caiga. Jesús los consuela a los dos).*

JESÚS. —Llévenme a ella... No ha muerto, ¡sólo está dormida!

MAMÁ *(llora más fuerte).* —No, está muerta. Ya lo declararon oficialmente.

JESÚS. —No, hija. Llévame a ella, porque sólo duerme.

MÉDICO *(indignado).* —¿Y usted quién se cree como para dudar de mí? ¡Ya firmé el acta de defunción hace más de dos horas!

(Unas dos personas se acercan con el locutor, enojadas).

PERSONA. —¡Qué bueno que usted está aquí! ¡Ya es tiempo de que los tontos que creen en este Jesús se den cuenta de que él no es más que un charlatán buscador de publicidad! ¡Cómo se atreve a jugar con los sentimientos de una madre de esa manera!

JESÚS *(con autoridad).* —¡Váyanse todos! ¡Pero ya!

OTRA PERSONA. —¿Y este qué se cree?

JESÚS *(sigue dando órdenes de que se vayan. Cuando ya no hay nadie, les dice a los padres):* —¡Ahora, sí! ¡Llévenme con la niña!

REPORTERO *(como escondiéndose detrás de una puerta).* —Bueno, por suerte logramos escondernos mientras desalojaban a todos los demás. Ahora ya no hay nadie en la casa sino Jesús, Jairo y su esposa, quienes están detrás de esa puerta con la niñita, que en paz descanse. ¡Parece que alguien está a punto de salir!

(Enfocar la cámara en la puerta del cuarto donde está la niña. Se oyen ruidos de movimiento. Sale la mamá, riéndose y llorando a la vez. Luego sale el padre, con la niña sonriente sobre sus hombros).

REPORTERO. —¡Esto es increíble! ¡Algo nunca visto! ¡La niña está viva! ¡Está viva! No sé qué decirles. Aquí acaba de entrar el médico examinador otra vez. Doctor, doctor… ¡acérquese por favor! Explíquenos lo que acaba de suceder.

MÉDICO *(visiblemente perturbado).* —¡Algo anda mal! ¡Es imposible que esta niña haya resucitado! ¡Eso no ocurre así no más! ¡Y menos a manos de un impostor!

REPORTERO. —Entonces…, si es imposible que Jesús la haya resucitado, significa que usted se equivocó al declararla muerta.

MÉDICO. —¡No! Yo tengo años practicando la medicina y jamás me he equivocado.

REPORTERO *(agresivo).* —Entonces ¿qué? O usted se equivocó y la declaró muerta irresponsable y prematuramente... o Jesús la acaba de resucitar. ¿Cuál de los dos es?

MÉDICO. —No lo entiendo... pero la única explicación... por irrazonable que suene, es que ¡Jesús la ha resucitado!

REPORTERO. —Bueno, ustedes ya oyeron. El mismo médico ha declarado que, aunque es inexplicable por la ciencia, Jesús acaba de resucitar a una niña de 12 años, la hija de Jairo, uno de los más altos funcionarios del sector religioso que más se opone a Jesús. *(Se escucha música y risas en el trasfondo).* ¡Lo que iba a ser un velatorio se está convirtiendo en una fiesta!

(Fin del reportaje pregrabado).

LOCUTOR. —Una historia increíble... pero cierta. ¡Está documentada por uno de nuestros reporteros más serios!

LOCUTORA. —Así es. ¡Este es el Jesús que ha sido arrestado esta tarde!

LOCUTOR. —Bueno... para ser equilibrados, hay que reconocer que hay otro lado de la historia de Jesús.

LOCUTORA. —¿Por cuáles otras cosas acusan a Jesús?

LOCUTOR. —Bueno, ya comentamos que algunos temen que está tramando un golpe de estado.

LOCUTORA. —¡Ridículo!

LOCUTOR. —También se le acusa de proselitismo y de intimidación a otros en la práctica de sus religiones de preferencia.

LOCUTORA. —¡A ver! ¡A ver! ¿Cómo está eso?

LOCUTOR. —En cuanto a proselitismo, insiste que él es el único camino a Dios. Una de sus frases conocidas es "Yo soy el camino, la verdad y la vida, nadie viene al Padre sino por mí".

LOCUTORA. —Bueno, tiene derecho a pensarlo, ¿o no?

LOCUTOR. —Derecho a pensarlo, sí. Pero está interfiriendo con la religión de la cultura de nuestro pueblo. Hemos tenido la misma religión desde la fundación de nuestra nación… ¿qué derecho tiene él ahora de venir y decirnos que estamos mal?

LOCUTORA. —¿Y la libertad, qué?

LOCUTOR. —Pero, fíjate lo que ha hecho. Ha cuestionado a las más altas autoridades eclesiásticas. Entró en el templo de la plaza principal, ¡y sacó a latigazos a los comerciantes que estaban funcionando allí con permiso de las autoridades! Y he allí otro cargo… usurpación e invasión de propiedad privada.

LOCUTORA. —Sí… yo me acuerdo de ese reportaje. Él decía una y otra vez: "La casa de mi Padre será casa de oración para las naciones". Entonces, según él, no estaba invadiendo la propiedad de nadie, salvo la de su propio Padre.

LOCUTOR. —¿Así que vamos a dejar a cualquier loco hacer estragos?

LOCUTORA. —Pero, ¿y si él tiene razón?

LOCUTOR. —¿Cómo va a tener razón? Bueno… en fin, de todas maneras mi propia predicción es que lo van a dejar salir en menos de 24 horas… ha provocado controversias, hay gente en posiciones altas molesta con él y muchas confabulaciones, pero en realidad, no hay cargos de peso para detenerlo. ¡Así que ni para qué estar discutiendo esto! Dentro de unas pocas semanas, seguramente nadie se va a acordar.

LOCUTORA. —¡Quién sabe! Pero, amigos televidentes, no quiero dejarles con el pensamiento de que Jesús sólo ha sido un loco autoengañado que ha provocado problemas. ¡Jesús ha dado alegría a miles de personas y familias a través de su obra! Observen esta escena que resume su mensaje y su obra.

(Fin del video de los locutores).

Número musical

(Con música de fondo, coreografiar en el escenario escenas de Jesús sanando, liberando, etc. Recomendación: el canto "El Espíritu del Señor está sobre mí" con una coreografía de Lucas 4).

TERCER ACTO

(Video de los locutores).

LOCUTOR. —Continuamos con las noticias acerca de Jesús. Increíblemente, está siendo llevado a juicio. Increíble porque, en realidad, no veo cuáles cargos reales puedan imputarle.

LOCUTORA. —Justo ahora tenemos a un renombrado erudito de las Escrituras que nos trae su perspectiva de lo que está sucediendo.

LOCUTOR *(interfiere)*. —¡Y líder eclesiástico! Que, según

entiendo, llamó a nuestro canal ofreciéndose a venir.

NICODEMO *(asintiendo con la cabeza).* —Así es.

LOCUTORA. —Rabí Nicodemo… Usted viene totalmente en contra de lo que que es la postura oficial de su grupo religioso. Díganos, ¿qué es lo que quiere decirnos?

NICODEMO. —Lo que está sucediendo en estos momentos es una vergüenza para nosotros, nuestra raza y nuestra nación. ¡No quiero ni por un instante que la ciudadanía piense que estoy apoyando las acciones de mis colegas religiosos!

LOCUTOR. —Pues bien, ¿cuál es el verdadero problema?

NICODEMO. —El problema es que estamos esperando un libertador. Estamos esperando que Dios nos mande alguien que nos libere de la opresión política que estamos sufriendo. Pero porque, francamente, esperábamos alguien muy diferente a Jesús, la mayoría de los líderes y autoridades están indignados, porque dicen que Jesús está desmeritando al caudillo que realmente va a venir.

LOCUTOR. —No entiendo, ¿cuáles son las discrepancias entre él y el que esperan?

NICODEMO. —En primer lugar… es evidente que Jesús no tiene ninguna aspiración política personal. Permítame enfatizar aquí la ironía… las autoridades están indignadas con él porque no tiene las cualidades del libertador que esperábamos… pero a la misma vez, este es justo el argumento que van a usar en su contra: ¡Que proclama ser rey!

LOCUTOR. —Permítame entender bien… Jesús no está planeando un golpe de estado… porque según él, ¿él ya es rey?

NICODEMO. —Así es. Pero insiste en que su reino no es de aquí, como lo entendemos… sino que es otro reino, el reino de Dios.

LOCUTORA. —Bueno, ¿y cuál es su opinión en cuanto a todo esto?

NICODEMO. —¿Quiere que le dé mi perspectiva personal y emocional… o mi perspectiva como un erudito en las Sagradas Escrituras?

LOCUTOR. —Pues, ambas.

NICODEMO. —Del lado personal, permítame decirle que yo, como todos los demás, tenía mis serias dudas respecto a este carpintero que insistía en ser el libertador… el Mesías. Hasta que lo escuché hablar. Lo escuché hablar varias veces en la sinagoga… ¡y quedé asombrado!

LOCUTORA. —Pero, ¿por qué? ¿Tenía mucho conocimiento, o qué?

NICODEMO. —Sí, tenía mucho conocimiento… pero, eso no era todo. Todo lo que él recitaba de las Escrituras, los libros de la ley de Moisés, las profecías de Isaías… ¡Yo todo eso lo sé de memoria! ¡No estoy en el lugar donde estoy sólo por accidente!

LOCUTORA. —¿Y entonces?

NICODEMO. —Era la manera en que lo decía. Cuando él

hablaba esas palabras... tomaban vida. No estaba sólo recitando algo escrito hace cientos de años. Hablaba con pasión, con convencimiento, con autoridad... ¡Sólo un ciego y sordo podía decir que era lo mismo que nosotros hacemos!

LOCUTOR. —Aparte de esto, según entendemos, usted tuvo un encuentro personal con él, ¿cierto?

NICODEMO. —Así es. Fui muy de noche porque no quería que nadie lo supiera. Me atendió con mucha amabilidad. Me explicó la diferencia entre el reino que nosotros esperábamos, y el reino de Dios. Y sobre todo, me mostró a un Dios muy diferente al Dios que yo había conocido.

LOCUTOR. —¿Cómo?

NICODEMO. —En vez de un Dios legalista... habló de un Dios de amor. Fue allí, también, que me explicó el verdadero motivo por el cual había venido. ¡Esas palabras jamás las olvidaré! "Porque de tal manera amó Dios al mundo, que ha dado a su Hijo unigénito, para que todo aquel que en él cree no se pierda, mas tenga vida eterna".

LOCUTORA. —Pero, un erudito de las Escrituras, ¿sólo guiándose por lo emocional?

NICODEMO. —No... eso no es todo. Cuando volví a casa esa noche, yo, más que nadie, quería convencerme de que no era una mera ilusión mía... una fantasía. Me puse a estudiar profundamente las Escrituras y quedé asombrado.... ¡Jesús estaba cumpliendo profecía tras profecía de la Biblia respecto al Mesías!

LOCUTOR. —¿Por ejemplo?

(Nicodemo lee de una versión bíblica moderna algunos de los siguientes pasajes y los explica brevemente: Miqueas 5:2, Isaías 7:14, Isaías 53:3).

LOCUTORA. —Si todo lo que usted está diciendo es cierto... se está ejecutando una terrible injusticia en contra de Jesús. ¡Quiere decir que estamos enjuiciando a Dios mismo!

NICODEMO *(apasionado, casi gritando).* —¡Así es!

LOCUTORA. —Bueno... si este es el caso creo que no tenemos por qué preocuparnos. Dios siempre ha cuidado y protegido a los suyos en momentos difíciles... A nuestros antepasados los libró del cautiverio en Egipto cuando partió el mar. A Daniel lo libró de la boca de los leones y a sus compañeros del horno. A través de la reina Ester libró a toda la raza judía del exterminio a mano de los persas.

LOCUTOR. —Entonces... ¿podemos decir que la prueba final de si Jesús es o no el Hijo de Dios, el enviado, será si Dios mismo interviene?

NICODEMO. —Me temo que va a ocurrir todo lo opuesto. Si Jesús es el enviado de Dios, por incomprensible que nos parezca, ¡Jesús va a morir!

LOCUTORA. —¡No tiene sentido! ¡No hay evidencias! ¡No hay cargos!

NICODEMO. —No, pero está en las profecías que él debe morir. Morirá por el pueblo que lo rechaza tanto... para que puedan llegar a Dios.

LOCUTOR. —Pues… todavía no le creo. *(Llega alguien y le entrega unos papeles).* Antes de salir del aire, quiero informar a nuestros televidentes que en estos momentos Jesús está partiendo de su audiencia con los más altos gobernantes religiosos. *(Pausa, leyendo).* Según nos han informado… increíblemente… estos, en base a, no entiendo cuáles cargos fehacientes, lo han declarado…. *(Pausa).* Leo esto y no lo creo… ¡lo han declarado digno de muerte! Ahora están llevando su petición ante el gobernador quien es el único con autoridad para dar sentencia de muerte.

LOCUTORA. —También increíble… parece que la mayor parte de la gente que él ayudó tanto se ha desaparecido misteriosamente. Ahora parece que más bien hay una turba en su contra… Bueno, estos son los hechos extraños de este día. Los mantendremos informados.

(Fin del video de los locutores).

CUARTO ACTO

Escena: sala en el palacio del gobernador.

(Jesús ya muestra algunas evidencias de haber sido golpeado).

GOBERNADOR. —¡Vaya, vaya… por fin conozco al famoso y gran Jesús! He escuchado mucho de ti. Estoy ansioso por ver qué tienes para decirme.

(Jesús no dice nada).

GOBERNADOR. —Quiero decirte que tengo un sinnúmero de quejas en contra de ti: Los líderes religiosos me dicen que has amenazado destruir el templo, que pretendes ser rey usurpando el gobierno, que te dices Dios. ¿Cómo respondes a estos cargos?

(Jesús se mantiene pasivo).

GOBERNADOR. —Bueno, ¿pues tú quién te crees? ¿No te das cuenta de que yo soy el que determino si vives o mueres?

JESÚS. —El único quien determina esto es mi Padre, Dios.

GOBERNADOR. —¡Felicidades! ¡Por fin decidiste usar tu lengua! Bueno, ya que estás hablando, dime: ¿eres tú el rey de los judíos?

JESÚS. —Tú lo has dicho, no yo.

GOBERNADOR. —¿Qué quieres decir? ¿Eres o no rey?

JESÚS. —Tú dices que yo soy rey. Yo para esto he nacido, y para esto he venido al mundo, para dar testimonio a la verdad. Todo aquel que es de la verdad, oye mi voz.

GOBERNADOR. —¿Y qué es la verdad? *(Sin esperar respuesta, gira y se dirige al pueblo).* ¡Este hombre no tiene ningún delito! Tenemos la costumbre de soltar a un preso durante esta época. ¿Suelto a este, el Rey de los judíos?

GENTÍO. —¡No! ¡No! ¡Suelta a Barrabás, el asesino! ¡Que crucifiquen a Jesús!

(Algunas personas a quienes ya se les ha dicho con anticipación se paran desde donde están sentadas entre la audiencia y gritan: "¡Crucifíquenlo! ¡Crucifíquenlo!").

GOBERNADOR. —¡Ustedes crucifíquenlo! Yo no hallo ningún delito en él.

JUDÍO 1. —Según nuestra ley, él debe morir porque pretende ser Hijo de Dios.

GOBERNADOR *(se vuelve hacia Jesús)*. —¡Por favor, habla! ¡Defiéndete!

JUDÍO 2. —¡Cuidado! Si lo sueltas te estás poniendo de su lado y estás traicionando a nuestras más altas autoridades. Él pretende ser rey, y eso implica que se está oponiendo a nuestros más altos gobernantes. ¡Eso es traición!

GOBERNADOR. —¡Insisto en que no encuentro ningún delito de peso en él! ¡Mucho menos como para sentenciarlo a muerte! Una vez más apelo a sus conciencias: ¿Lo dejamos libre?

GENTÍO. —¡No! ¡Crucifíquenlo! ¡Crucifícalo!

GOBERNADOR. —Yo no… pero lo entrego a ustedes… hagan con él lo que quieran, ¡y carguen con las consecuencias!

GENTÍO. —Sí, ¡que las consecuencias caigan sobre nosotros y nuestros hijos!

GOBERNADOR *(lee algo que le entregan por escrito… titubea un momento, y luego se dirige al público)*. —Yo, por mi cuenta, ¡me lavo las manos de todo el asunto!

(Video de los locutores).

LOCUTOR. —Lo inusitado, lo inconcebible ha ocurrido: han

sentenciado a Jesús a muerte... muerte por crucifixión, para ejecutarse ahora mismo.

LOCUTORA. —¿Cuáles son los cargos finalmente?

LOCUTOR. —No hay ningún cargo que tenga que ver con la pena de muerte. Básicamente, insistieron en que estaba usurpando el lugar del gobernador, al insistir en que él es el Rey de los judíos. Pero cualquiera puede decir eso y no morir.

LOCUTORA. —¿Tiene tiempo para apelar?

LOCUTOR. — No... hoy mismo lo ejecutan. Esta es una movida totalmente política. El gobernador mismo reconoció que no había motivo por el cual matarlo... pero ante la insistencia, se los entregó.

LOCUTORA. —¡Qué cobarde! Pero, no sé si te fijaste en un detalle... justo antes de leer la sentencia, le llevan una hoja que lee, y parece que titubea antes de dictar la sentencia final. ¿Qué fue esa información que recibió? ¿De qué manera influyó en su decisión?

LOCUTOR. —Me dicen que en este momento está entrando una llamada telefónica desde el palacio del gobierno... ¡veamos si nos dan la respuesta! *(Toma el teléfono y aparenta mantener una conversación).* Sí... diga; ¿con quién hablo?

VOZ. —Trabajo en el palacio del gobierno, pero por razones de seguridad no puedo dar mi nombre.

LOCUTOR. —¿Y usted sabe qué fue el contenido de ese último escrito que le dieron al gobernador?

VOZ. —Sí. Era una nota de la Primera Dama suplicándole al gobernador que no condene a Jesús a muerte.

LOCUTOR. —¿Había alguna simpatía en particular por lo cual ella intervino por él?

VOZ. —De hecho, ellos nunca se conocieron. Pero parece que ella tuvo un sueño que la perturbó grandemente relacionado con Jesús y toda la situación. Por eso intervino.

LOCUTORA. —¿Un sueño, dice?

VOZ. —Así es. Ahora no sé todos los datos, esto es algo que ha estado corriendo de voz en voz entre los que servimos en el palacio.

LOCUTOR. —Es obvio, ahora, que el gobernador no le hizo caso. Claro… uno se imagina el escándalo que hubiera provocado si tomara sus decisiones políticas basadas en los sueños de su esposa…

LOCUTORA. —Díganos… ¿cómo se encuentra la señora ahora?

VOZ. —Está realmente mal… tan pronto como supo de la decisión tuvo un ataque de histeria, y tuvieron que darle sedantes. Y eso es todo lo que me atrevo a decir ahora… *(se oye que cuelga abruptamente el teléfono).*

LOCUTOR *(dejando el teléfono).* —Todo está muy muy raro… demasiado raro.

LOCUTORA. —¡Demasiado raro!

LOCUTOR. —Pues bien, por lo pronto nos despedimos de ustedes. Prometemos traerles los hechos conforme van ocurriendo.

(Fin del video de los locutores).

QUINTO ACTO

Escena: La crucifixión

(Jesús avanza por el auditorio cargando la cruz. A medida que lo hace se van agregando personas de entre la audiencia gritando: "¡Crucifíquenlo!". Llegan al escenario, lo suben y lo cuelgan de la cruz. Desde que Jesús y la comitiva van caminando por el pasillo del auditorio, los locutores están "en vivo" narrando los hechos conforme van ocurriendo).

LOCUTOR. —Ustedes pueden ver las imágenes de lo que está ocurriendo en este mismo instante. A Jesús de Nazaret, conocido también por el Mesías, el Hijo de Dios y Rey de los judíos… en este mismo instante lo están acercando al Gólgota, conocido también como el monte de la Calavera, para ser ejecutado. El gobernador lo entregó al pueblo… les dijo: "¡Me lavo las manos del asunto!", y el pueblo mismo asumió toda responsabilidad por los hechos.

LOCUTORA. —Este es un día trágico en la historia de nuestro pueblo. Nunca antes un gobernador ha entregado tan fríamente a una persona inocente a una turba para que hagan con ella lo que quieran.

(Mientras ellos hablan, en el escenario están colgando a Jesús en la cruz).

LOCUTOR. —Esto nos muestra que nadie puede estar seguro de su destino. Jesús... el héroe de ayer, ahora está siendo ejecutado por el mismo pueblo a quienes él trató de ganar con sus enseñanzas y actos que hasta la fecha son inexplicables.

LOCUTORA. —Sí... hechos milagrosos que nadie puede explicar... *(En este momento se empiezan a encender y apagar las luces entre la audiencia. Se pueden escuchar ruidos fuertes, y luego gritos de temor y terror).*

LOCUTOR. —Pero... ¿qué está pasando aquí?

(Se va la luz... Silencio total).

(Se enciende una sola luz iluminando la cruz. Con un fondo musical, debe ocurrir lo siguiente:

- *Alguien lee emotivamente Isaías 53:3-7 al son de los martillazos.*
- *Personas arrodilladas ante la cruz de Jesús se levantan y cantan una música especial acerca de la cruz o la crucifixión.*
- *Cuando terminan su canto, Jesús declara: "¡Consumado es!").*

SEXTO ACTO

Escena: La resurrección

(La siguiente es una escena muda que va siempre acompañada de un fondo musical. La representación del sepulcro debe mostrar un lugar oscuro. La música de fondo comienza con un tono lúgubre que luego empieza a ir en crescendo. Se sugiere usar luces, aun un "strobe light", humo, sonido de truenos y la música en su clímax para pintar el tono de la escena. La escena se desarrolla así:

- *Aparecen Jesús, desde el sepulcro, y dos ángeles adorándole.*

- *Jesús se pone a un lado.*
- *Llegan las tres mujeres, se asoman al sepulcro y ponen cara de preocupación por no ver nada.*
- *Llegan Pedro y otro discípulo. Este último "entra" al sepulcro y luego sale con los lienzos.*
- *Uno de los dos ángeles se les acerca y les señala a Jesús.*
- *Corren a él, caen a sus pies y le adoran.*

Número musical

(Video de los locutores, incluyendo un reportaje pregrabado).

LOCUTOR. —Antes de ser ejecutado, Jesús declaró que él resucitaría al tercer día de muerto. Ahora viene la gran pregunta: ¿Habrá ocurrido el más grande milagro de la historia de la humanidad… o la más grande farsa? Juzguen ustedes. Vean el siguiente reportaje:

(Pregrabado).

REPORTERO. —Nos encontramos frente a la tumba de Jesús, quien fue sepultado hace tres días. Sólo que Jesús no está allí. Y ¿dónde está? Es la gran pregunta. Con la intención de evitar todo robo o vandalismo, nuestro gobierno ordenó usar una lápida de dos toneladas, lo cual requirió de varios hombres fuertes para colocarla. A la vez, día y noche hubo dos soldados armados en constante guardia. Entonces, ¿qué fue lo que pasó? Según los soldados de guardia de anoche, se quedaron dormidos por un corto tiempo. Fue entonces que debieron llegar seguidores de Jesús para robar su cuerpo. Según la versión de los guardias, en la madrugada de hoy se dieron cuenta de que la lápida estaba removida… y la tumba vacía.

(Fin del reportaje pregrabado).

LOCUTOR. —Y la historia del misterioso Jesús continúa. Quiero agregar que el gobierno está ofreciendo una recompensa de 50.000 pesos a quienes puedan informar sobre el paradero de los restos de Jesús.

LOCUTORA. —Sin embargo, para intensificar el misterio, hay varias discrepancias en esta historia. Para comenzar, ¿qué hacían los soldados dormidos? Si eso es lo que realmente ocurrió, jamás lo admitirían… ¡implicaría condena de muerte! Pero están libres contando su versión a todo el mundo. Por otro lado, hay varias personas que afirman haber visto a los soldados muy temprano salir huyendo del lugar de la tumba. Según cuentan estos testigos, los soldados estaban descontrolados, casi en estado de shock, e insistían en que habían visto llegar unos ángeles. Pero posteriormente negaron totalmente esa historia, insistiendo en que había ocurrido un robo.

LOCUTOR. —Puede ser que les hayan dado algún estupefaciente fuerte antes de ir a hacer guardia en el cementerio… Pero tiene que haber habido varios hombres muy fuertes allí para levantar esa lápida tan pesada. Es inexplicable… pero eso de los ángeles se me hace todavía más increíble. Permítanme un momento. *(Pausa de unos 10 segundos).* Tenemos un reportaje en vivo ahora mismo. Aquí se lo pasamos.

(Reportaje pregrabado).

REPORTERO *(frente a dos hombres que se ven inquietos y emocionados. Se dirige a uno de ellos).* —¿Cuál es su nombre, señor?

CLEOFAS. —Soy Cleofas… ¡Lo vimos! ¡Lo vimos! ¡Comimos con él! ¡Jesús está vivo!

REPORTERO. —Un momento, señor. Entendemos que esté emocionado por lo que dice haber visto. Pero por favor, cuéntenos lo que dicen que les ocurrió.

CLEOFAS. —Íbamos en camino al pueblo de Emaús. Claro, estábamos muy tristes por la noticia del robo del cuerpo de Jesús y hablábamos de los hechos cuando…

TESTIGO. —Vimos a un hombre parado en la carretera que nos pedía que lo lleváramos. Aunque nunca lo hacemos… esta vez, algo nos movió a hacerlo.

CLEOFAS. —Lo invitamos a subirse al auto… y seguíamos hablando de los terribles hechos. Él no opinaba… Yo me estaba irritando con él, francamente, porque no se veía nada perturbado. Pero luego nos preguntó de qué hablábamos y le contamos.

TESTIGO. —¡Y allí cambió toda la cosa! De repente… el que aparentemente no sabía nada… era todo un erudito de la Escritura. Comenzó a recordarnos de todas las profecías…

CLEOFAS. —Sí… me acuerdo de sus palabras exactas: "¡Oh insensatos y tardos de corazón para creer todo lo que los profetas han dicho! ¿No era necesario que el Cristo padeciese todas estas cosas y que entrara en su gloria?".

TESTIGO. —Claro que su conocimiento y su pasión nos contagió. Había algo en él mientras hablaba que hizo arder nuestros corazones. Cuando llegamos a Emaús le invitamos a que fuera a comer con nosotros.

CLEOFAS. —Aceptó… y cuando nos sirvieron la comida y la bendijo… *(emocionado)*… nos dimos cuenta. ¡Era él! ¡Era él!

TESTIGO *(igualmente emocionado)*. —No hay duda alguna… ¡Jesús ha resucitado!

REPORTERO *(conmovido y descontrolado… ya no frío como antes)*. —No hay nada más que yo pueda agregar…

(Fin del reportaje pregrabado).

LOCUTORA *(con una voz más aplacada, pero conmovida)*. —Cabe decir que hemos escuchado otros reportajes similares… ¡sí que es un día extraño!

LOCUTOR. —Pues, de acuerdo en que es extraño. Pero hasta el momento son muy pocos los testigos. ¿Por qué no se presenta Jesús en público para que todos lo veamos? Es más… Jesús, si realmente vives, te invito a que vengas y te presentes ante los millones de televidentes ahora mismo. ¡Así nos convences!

LOCUTORA. —¿Sabes? Las profecías de las cuales nos recordaba Nicodemo apenas hace algunos días… todas se han cumplido. A mi parecer… ya no se trata de que él venga a cumplir nuestros caprichitos de sensacionalismo… ¡Ahora se trata de que nosotros vayamos a él! *(Se levanta).*

LOCUTOR. —¡Espera! ¿A dónde vas?

LOCUTORA. —¡A buscar al Jesús resucitado!

LOCUTOR *(perplejo, pero con decisión)*. —¡Percibo que esta historia todavía no ha terminado!

(Final en vivo).

(Durante todo este tiempo, Jesús y los que están adorándole han permanecido en el escenario. Entra la reportera y cae de rodillas. Luego lo hacen el reportero, Nicodemo, Jairo, su hija y otros).

Número musical final: (Sugerencia: Filipenses 2:6-11, versión de Jesús Adrián Romero).

LA SEMANA DE LA PASION, SIGLO XXI

(Versión abreviada y simplificada)

PRIMER ACTO

Escenario: Sala de transmisión noticiera de TV, enfrente de la cortina cerrada.

Personajes:
Locutor
Locutora

LOCUTOR. —Interrumpimos nuestra programación regular para informarles que se ha girado una orden de arresto en contra de un señor llamado Jesús. En estos mismos momentos está saliendo un contingente de la guardia nacional para ejecutar este arresto.

LOCUTORA. —¿La guardia nacional? ¿Y esto? ¡Ni que ese señor estuviera planeando un golpe de estado!

LOCUTOR. —Pues, aunque no lo creas, esa es una de las acusaciones en su contra. Escucha qué interesante es esta información: Un amigo de él, uno de sus seguidores más allegados, es quien fue ante la guardia nacional para denunciarlo y prometer entregarlo. Él mismo los está dirigiendo a donde está Jesús en estos momentos.

LOCUTORA. —¿Tenemos alguna información más concreta en cuanto al porqué de su arresto? ¿Cuáles son los cargos en su contra?

LOCUTOR. —Pues, nuestra información no dice nada. Como dije antes, se rumoreaba que quería realizar un golpe de estado... ¡pero otros lo desmienten totalmente!

LOCUTORA. —Yo sé, además, que él tuvo sus fuertes controversias con los líderes religiosos, pero hemos tenido más datos de buenas obras y milagros que él realizó que de actividades subversivas.

LOCUTOR *(mirando al auditorio).* —Bueno, amigos, esta es toda la información que tenemos en estos momentos. Nuevamente, como resumen: Hay una orden de arresto contra Jesús, entregado por uno de sus mismos seguidores más allegados de nombre Judas. Van contingentes de la guardia nacional para arrestarlo ahora mismo. No sabemos en este momento qué cargos específicos hay en su contra, pero conforme nos vayan llegando las noticias, les informaremos.

LOCUTORA. —Y recuerden... ustedes están escuchando al noticiero informativo del canal 66... ¡gracias por su preferencia!

SEGUNDO ACTO

Escenario: Un "jardín". Detrás de él están Pedro, Juan y Jacobo.

Personajes:

Jesús
Pedro
Juan
Jacobo
Judas
Guardias militares
Personas de la audiencia

JESÚS *(se dirige hacia los tres discípulos).* —Mi alma está tan triste y agobiada que siento que podría morirme en este mismo momento. Tengo que hablar con mi Padre. Pero por favor,

¡quédense cerca! ¡No me dejen solo! ¡Ustedes también deben estar orando en estos momentos! *(Se aparta y se tira al suelo).* Abba, ¡papá mío! Todas las cosas son posibles para ti. Aparta de mí esta copa que estoy a punto de beber. ¡Apártala de mí! Si de alguna manera este pueblo que te rechaza tanto, pero a quien tú amas tanto, puede ser unido a ti de otra forma... Si puedes reconciliarte con ellos sin que yo tenga que morir en la cruz... Si puedes salvarles del infierno de la muerte eterna... sin que yo tenga que morir de forma tan cruel. Si hay cualquier otra cosa que puedas hacer, Señor, te lo ruego. *(Se levanta... y con fuerza y decisión)*: Pero Dios, si no es posible, si esta es la única manera para redimir a tu pueblo, si es la única manera en que puedes ejecutar tu mayor acto de amor para reunirlos a ti, hazlo Señor. Haz tu voluntad... no la mía. Tu voluntad, Padre.

Número musical: Canto acerca de Getsemaní.

(Cuando termina el canto, Jesús se pone de pie).

JESÚS. —Sí, Señor. Sé cuál es tu voluntad y aquí estoy para cumplirla. ¡Es tiempo de redimir a este pueblo tan perdido y rebelde que tú amas tanto! *(Va hacia sus discípulos y los encuentra dormidos. Les sacude para despertarlos).* ¿No pudieron orar? ¿No pudieron estar conmigo en oración siquiera por un momento? *(Se oyen las sirenas a una distancia).* Pero ¡escuchen! ¡Ya vienen por mí!

(En el auditorio resuena el sonido de sirenas y se ven luces centelleantes como de autos patrulleros. Entran por la parte de atrás hombres vestidos con uniformes militares contemporáneos... Algunas personas previamente designadas salen de entre la audiencia y se unen a la guardia. Judas está entre ellos. Se oyen también en el trasfondo comunicaciones de radio. Todos enfrentan a Jesús).

JESÚS *(dirigiéndose a Judas).* —¡Hola, mi amigo!

(Judas le da un beso en la mejilla).

JESÚS. —¿A quién buscan?

GUARDIA. —¡A Jesús!

JESÚS *(con voz fuerte y autoritativa).* —¡Aquí me tienen! ¡Yo soy!

(Todos se hacen hacia atrás y caen al suelo).

JESÚS *(mirándolos, mientras tratan de levantarse del suelo, algo desequilibrados).* —¿Así que a quién buscaban? *(Se inclina para levantar a uno. Es importante mostrar que en este momento Jesús está en total control).* ¡Abran sus ojos! ¿No ven que yo soy?

(Él se entrega… lo toman bruscamente y empiezan a maniatarlo).

JESÚS *(dirigiéndose a los soldados; algunos de ellos le apuntan con sus armas mientras lo atan).* —¿Y todas esas armas, qué? ¿Acaso me van a tratar como un ladrón común? ¡Si he estado entre ustedes, enseñando en sus iglesias todos los días, y ni siquiera me tocaron! Pero está bien… hagan lo que tienen que hacer. ¡Hoy es un día en que reinarán las tinieblas! *(Los discípulos salen rápidamente por otra puerta mientras los soldados sacan a Jesús a empujones y patadas. Lo van llevando por entre la multitud).*

TERCER ACTO

Escenario: Sala de transmisión noticiera de TV, enfrente de la cortina cerrada.

Personajes:

Locutor
Locutora

LOCUTOR. —Pero, ¿quién es este Jesús? ¿Por qué la gente más poderosa del gobierno y de la iglesia quiere encarcelarlo siendo que ha hecho tanto bien a la comunidad?

LOCUTORA. —Sí, desde que dimos la notica de su arresto, hemos estado recibiendo llamadas y correos electrónicos de personas consternadas. Un padre cuenta que Jesús resucitó a su hija, y una mujer que estuvo enferma por 18 años nos informó de cómo Jesús la sanó instantáneamente.

LOCUTOR. —Una historia increíble… pero cierta. ¡Está documentada por uno de nuestros reporteros más serios!

LOCUTORA. —Así es. ¡Este es el Jesús que ha sido arrestado esta tarde!

LOCUTOR. —Bueno… para ser equilibrados, hay que reconocer que hay otro lado de lo que se dice acerca de Jesús. Ya comentamos que algunos temen que esté tramando un golpe de estado.

LOCUTORA. —¡Ridículo!

LOCUTOR. —También se le acusa de proselitismo porque insiste que él es el único camino a Dios. Está interfiriendo en la religión de la cultura de nuestro pueblo. Hemos tenido la misma religión desde la fundación de nuestra nación… ¿qué derecho tiene él ahora de venir y decirnos que estamos mal?

LOCUTORA. —¿Y la libertad, qué?

LOCUTOR. —Pero, fíjate lo que ha hecho. Ha cuestionado a las altas autoridades eclesiásticas. Entró en el templo que está en la plaza principal, ¡y sacó a latigazos a los comerciantes que estaban funcionando allí con permiso de las autoridades! Y he allí otro cargo… usurpación e invasión de propiedad privada.

LOCUTORA. —Sí… yo me acuerdo de ese reportaje. Pero, ¿qué si él tiene razón?

LOCUTOR. —¿Cómo va a tener razón? Bueno… de todas maneras, mi propia predicción es que lo van a dejar salir en menos de 24 horas… Es verdad que ha provocado controversias y algunos políticos están molestos con él pero, en realidad, no hay cargos de peso para detenerlo. ¡Así que no hace falta seguir discutiendo esto! Dentro de unas pocas semanas seguramente nadie lo va a recordar.

LOCUTORA. —¡Quién sabe! Pero, amigos televidentes, les mantendremos informados.

(Salen)

Número musical.

CUARTO ACTO

Escenario: Sala de transmisión noticiera de TV, enfrente de la cortina cerrada.

Personajes:

Locutor

Locutora
Nicodemo

LOCUTOR. —Sigue la historia acerca de Jesús. Increíblemente, lo están llevando a juicio. Increíble porque, en realidad, no veo cuáles cargos reales puedan imputarle.

LOCUTORA. —Justo ahora tenemos a un renombrado erudito de las Escrituras que va a dar su perspectiva de lo que está sucediendo.

LOCUTOR *(interfiere).* —¡Y líder eclesiástico! Que, según entiendo, llamó a nuestro canal ofreciéndose a venir.

NICODEMO *(asintiendo con la cabeza).* —Así es.

LOCUTORA. —Doctor Nicodemo... Entiendo que usted está totalmente en contra de la postura oficial de su grupo religioso. Díganos su punto de vista.

NICODEMO. —Lo que está sucediendo en estos momentos es una vergüenza para nosotros, nuestra raza y nuestra nación. ¡No quiero ni por un instante que la ciudadanía piense que estoy apoyando las acciones de mis colegas religiosos!

LOCUTOR. —Pues bien, ¿cuál es el verdadero problema?

NICODEMO. —Últimamente he estudiado profundamente las Escrituras y quedé asombrado... ¡Jesús estaba cumpliendo profecía tras profecía de la Biblia respecto al Mesías!

LOCUTORA. —Si lo que usted está diciendo es cierto... se está llevando a cabo una terrible injusticia en contra de Jesús.

¡Quiere decir que estamos enjuiciando a Dios mismo!

NICODEMO *(apasionado, casi gritando)*. —¡Así es!

LOCUTORA. —Bueno… si este es el caso, creo que no tenemos por qué preocuparnos. Dios siempre ha cuidado y protegido a los suyos en momentos difíciles… Seguramente va a impedir esta injusticia.

NICODEMO. —Me temo… que va a ocurrir todo lo opuesto. Si Jesús es el enviado de Dios… por incomprensible que nos parezca… ¡Jesús va a morir!

LOCUTORA. —¡No tiene sentido! ¡No hay evidencias! ¡No hay cargos!

NICODEMO. —No… pero está en las profecías que él va a morir. Morirá por el pueblo que lo rechaza tanto… para que puedan llegar a él.

LOCUTOR. —Pues… todavía no le creo. *(Alguien llega y le entrega unos papeles)*. Antes de salir del aire quiero informar a nuestros televidentes que ahora mismo Jesús está partiendo de su audiencia con los más altos gobernantes religiosos. *(Pausa, leyendo)*. Según nos han informado… increíblemente… estos, en base a no entiendo cuáles cargos fehacientes lo han declarado… *(Pausa)*. Leo esto y no lo creo… ¡lo han declarado digno de muerte! Ahora están llevando su petición ante el gobernador, quien es el único con autoridad para dar sentencia de muerte.

LOCUTORA. —Y esto también es increíble… parece que la mayor parte de la gente que él ayudó tanto se ha desaparecido misteriosamente. Ahora parece que más bien hay una turba en su contra… Bueno, estos son los hechos extraños de este día. Los mantendremos informados.

QUINTO ACTO

Escenario: La sala de reuniones de la casa de gobierno.

Personajes:

Gobernador
Jesús
Judío 1
Judío 2
Personas de la audiencia

(Jesús ya muestra algunas evidencias de haber sido golpeado).

GOBERNADOR. —¡Vaya, vaya… por fin conozco al famoso y gran Jesús! He escuchado mucho de ti. Estoy ansioso por ver qué tienes para decirme.

(Jesús no dice nada).

GOBERNADOR. —Quiero decirte que tengo un sinnúmero de quejas en contra de ti. Los líderes religiosos me dicen que has amenazado destruir el templo, que pretendes ser rey usurpando el gobierno, que te dices Dios. ¿Cómo respondes a estos cargos?

(Jesús se mantiene en silencio).

GOBERNADOR. —Bueno, pues ¿quién te crees? ¿No te das cuenta de que yo soy el que determino si vives o mueres?

JESÚS. —El único que determina esto es mi Padre, Dios.

GOBERNADOR. —¡Felicidades! ¡Por fin decidiste usar tu lengua! Bueno, ya que estás hablando, dime. ¿Eres tú el rey de los judíos?
JESÚS. —Tú lo has dicho, no yo.

GOBERNADOR. —Por favor, contéstame. ¿Eres o no rey?

JESÚS. —Tú dices que yo soy rey. Yo para esto he nacido, y para esto he venido al mundo, para dar testimonio a la verdad. Todo aquel que es de la verdad, oye mi voz.

GOBERNADOR. —¿Y qué es la verdad? *(Sin esperar respuesta, se da vuelta y se dirige al pueblo).*

GOBERNADOR. —¡Este hombre no tiene ningún delito! Tenemos la costumbre de soltar a un preso durante esta época. ¿Y si suelto a este, el Rey de los judíos?

(Algunas personas a quienes se les ha dicho con antelación se paran desde su lugar entre la audiencia y gritan: "¡No! ¡No! ¡Que suelten a Barrabás, el asesino! ¡Crucifiquen a Jesús! ¡Crucifíquenlo! ¡Crucifíquenlo!").

GOBERNADOR. —¡Ustedes crucifíquenlo... yo no hallo ningún delito en él!

JUDÍO 1. —Según nuestra ley, él debe morir porque pretende ser Hijo de Dios.

GOBERNADOR *(se vuelve hacia Jesús).* —¡Por favor, habla! ¡Defiéndete!

JUDÍO 2. —¡Cuidado! Si lo sueltas, te estás poniendo del lado de él y estás traicionando nuestras más altas autoridades. Él pretende ser rey, y eso implica que se está oponiendo a nuestros más altos gobernantes. ¡Es traición!

GOBERNADOR. —¡Insisto que no encuentro ningún delito de peso en él! ¡Mucho menos como para sentenciarlo a muerte! Una vez más, apelo a sus conciencias: ¿Lo dejamos libre?

PERSONAS DE LA CONGREGACIÓN. —¡No! ¡Crucifíquenlo! ¡Crucifícalo!

GOBERNADOR. —Yo no… pero lo entrego a ustedes… hagan con él lo que quieran, ¡y carguen con las consecuencias!

PERSONAS DE LA CONGREGACIÓN. —Sí, ¡que las consecuencias caigan sobre nosotros y nuestros hijos!

GOBERNADOR *(lee algo que le entregan por escrito… titubea un momento, y luego se dirige al público).* —Yo, por mi cuenta, me lavo las manos de todo el asunto.

SEXTO ACTO

Escenario: Sala de transmisión noticiera de TV, enfrente de la cortina cerrada.

Personajes:

Locutor
Locutora
Voz *(en off)*

LOCUTOR. —Ha ocurrido lo inconcebible: Jesús fue sentenciado a muerte… muerte por crucifixión, para tomar lugar ahora mismo.

LOCUTORA. —¿Cuáles son los cargos, finalmente?

LOCUTOR. —No hay ningún cargo que tenga que ver con la pena de muerte. Básicamente, insistieron que estaba usurpando el lugar del gobernador al afirmar que él es el Rey de los judíos. Pero cualquiera puede decir eso y no morir.

LOCUTORA. —¿Tiene tiempo para apelar?

LOCUTOR. —No... hoy mismo lo ejecutan. Esta es una movida totalmente política. El gobernador mismo reconoció que no había motivo para matarlo... pero ante la insistencia de la gente, se los entregó.

LOCUTORA. —¡Qué cobarde! Pero, no sé si te fijaste en un detalle... justo antes de leer la sentencia le llevan un papel que lee, y parece que titubea antes de dictar la sentencia final. ¿Qué fue esa información que recibió? ¿De qué manera influyó en su decisión?

LOCUTOR. —Me dicen que está entrando una llamada telefónica en este momento desde el palacio del gobierno... ¡veamos si nos dan la respuesta! *(Toma el teléfono)*. Sí... diga; ¿con quién hablo?

VOZ *(en off)*. —Trabajo en el palacio del gobierno, pero por razones de seguridad, no puedo dar mi nombre.

LOCUTOR. —¿Y sabe usted cuál fue el contenido de esa nota que le entregaron al gobernador?

VOZ *(en off)*. —Sí. Era una nota de la Primera Dama, suplicándole al gobernador que no condene a Jesús a muerte.

LOCUTOR. —¿Había alguna simpatía en particular por la cual ella intervino en favor él?

VOZ *(en off).* —No; de hecho, ellos nunca se conocieron. Pero parece que ella tuvo un sueño que la perturbó grandemente relacionado con Jesús y toda la situación. Por eso intervino.

LOCUTORA. —¿Un sueño?

VOZ *(en off).* —Así es. No sé todos los detalles; esto es algo que ha estado corriendo de voz en vóz entre los que servimos en el palacio.

LOCUTOR. —Es obvio, ahora, que el gobernador no le hizo caso. Claro... uno se imagina el escándalo que hubiera provocado si tomara sus decisiones políticas basadas en los sueños de su esposa...

LOCUTORA. —Díganos... ¿cómo se encuentra la Primera Dama ahora?

VOZ *(en off).* —Está realmente mal... tan pronto supo de la decisión de su esposo tuvo un ataque de histeria y tuvieron que darle sedantes. Y eso es todo lo que me atrevo a decir ahora... *(se oye que cuelga abruptamente el teléfono).*

LOCUTOR *(dejando el teléfono).* —Todo está muy muy raro... demasiado raro.

LOCUTORA. —¡Demasiado raro! Pues bien, por lo pronto nos despedimos de usted. Prometemos traerle los hechos conforme van ocurriendo.

SÉPTIMO ACTO

Escenario: El lugar de la crucifixión.

Personajes:

Jesús
Locutor
Locutora
Personas de la audiencia

(Jesús avanza por los pasillos del auditorio arrastrando la cruz. Conforme va avanzando, se agregan personas de entre la audiencia gritando: "¡Crucifíquenlo!". Suben al escenario y se cierra la cortina ocultándolos. Los locutores están "en vivo" narrando los hechos conforme van ocurriendo, mientras Jesús y el gentío están subiendo al escenario).

LOCUTOR. —Ustedes pueden ver imágenes de lo que está ocurriendo en este mismo instante. Jesús de Nazaret, conocido también por el Mesías, el Hijo de Dios y Rey de los judíos, se está acercando en este mismo instante al sector de la ciudad llamado Gólgota, conocido también como Calavera… a punto de ser ejecutado.

LOCUTORA. —Este es un día trágico en la historia de nuestro pueblo. Nunca un gobernador ha entregado tan fríamente a una persona inocente a una turba para que hagan con ella lo que quieran.

LOCUTOR. —Esto nos muestra que nadie puede estar seguro de su destino. Jesús… el héroe de ayer, ahora ejecutado por el mismo pueblo a quien él trató de ganar con buenas enseñanzas y actos que hasta la fecha son inexplicables.

LOCUTORA. —Sí, hechos milagrosos que nadie puede explicar.

(En este momento se empiezan a encender y apagar las luces entre la audiencia. Se pueden escuchar ruidos fuertes, y luego gritos de temor y terror).

LOCUTOR. —Pero… ¿qué está pasando aquí?

(Se va la luz… Silencio total).

(Se enciende una sola luz iluminando la cruz levantada detrás de la cortina cerrada. Con un fondo musical, debe ocurrir lo siguiente:

- *Alguien lee emotivamente Isaías 53:3-7 al son de los martillazos.*
- *Personas arrodilladas ante la cruz de Jesús se levantan y cantan una música especial acerca de la cruz o la crucifixión.*
- *Cuando terminan su canto, se escucha la voz de Jesús declarando: "¡Consumado es!").*

OCTAVO ACTO

Escenario: Sala de transmisión noticiera de TV, enfrente de la cortina cerrada.

Personajes:

Locutor
Locutora
(Video pregrabado): Reportero, Cleofas, Testigo

LOCUTOR. —Antes de ser ejecutado, Jesús declaró que resucitaría al tercer día de muerto. Ahora viene la gran pregunta: ¿Habrá ocurrido el milagro más grande de la historia de la humanidad… o la más grande farsa? Juzguen ustedes. Vean el siguiente reportaje:

(Proyectar en una pantalla delante de la cortina cerrada el siguiente video pregrabado).

REPORTERO. —Nos encontramos frente a la tumba de Jesús, quien fue sepultado hace tres días. Sólo que Jesús no está allí. Y ¿dónde está? Es la gran pregunta. Con la intención de evitar todo robo o vandalismo, nuestro gobierno ordenó usar una lápida de dos toneladas, lo cual requirió de varios hombres fuertes para colocarla. A la vez, día y noche hubo dos soldados armados en constante guardia. Entonces, ¿qué fue lo que pasó? Según los soldados de guardia de anoche, se quedaron dormidos por un corto tiempo. Fue entonces que debieron llegar seguidores de Jesús para robar su cuerpo. Según la versión de los guardias, en la madrugada de hoy se dieron cuenta de que la lápida estaba removida… y la tumba vacía.

(Termina el video).

LOCUTOR. —Y la historia del misterioso Jesús continúa. Quiero agregar que el gobierno está ofreciendo una recompensa de 50.000 pesos a quienes puedan informar sobre el paradero de los restos de Jesús.

LOCUTORA. —Sin embargo, para intensificar el misterio, hay varias discrepancias en esta historia. Para comenzar, ¿qué hacían los soldados dormidos? Si eso es lo que realmente ocurrió, jamás lo admitirían… ¡implicaría condena de muerte! Pero están libres contando su versión a todo mundo. Por otro lado, hay varias personas que afirman haber visto a los soldados muy temprano salir huyendo del lugar de la tumba. Según cuentan estos testigos, los soldados estaban descontrolados, casi en estado de shock, e insistían en que habían visto llegar unos ángeles. Pero posteriormente negaron totalmente esa historia, insistiendo en que había ocurrido un robo.

LOCUTOR. —Puede ser que les hayan dado algún estupefaciente fuerte antes de ir a hacer guardia en el cementerio... Pero tiene que haber habido varios hombres muy fuertes allí para levantar esa lápida tan pesada. Es inexplicable... pero eso de los ángeles se me hace todavía más increíble. Permítanme un momento. *(Pausa unos 10 segundos).* Tenemos un reportaje en vivo ahora mismo. Aquí se lo pasamos.

(Proyectar en una pantalla delante de la cortina cerrada el siguiente video pregrabado).

REPORTERO *(frente a dos hombres que se ven inquietos y emocionados. Se dirige a uno de ellos).* —¿Cuál es su nombre, señor?

CLEOFAS. —Soy Cleofas... ¡Lo vimos! ¡Lo vimos! ¡Comimos con él! ¡Jesús está vivo!

REPORTERO. —Un momento, señor. Entendemos que esté emocionado por lo que dice haber visto. Pero por favor, cuéntenos lo que dicen que les ocurrió.

CLEOFAS. —Íbamos en camino al pueblo de Emaús. Claro, estábamos muy tristes por la noticia del robo del cuerpo de Jesús y hablábamos de los hechos cuando...

TESTIGO. —Vimos a un hombre parado en la carretera que nos pedía que lo lleváramos. Aunque nunca lo hacemos... esta vez, algo nos movió a hacerlo.

CLEOFAS. —Lo invitamos a subirse al auto... y seguíamos hablando de los terribles hechos. Él no opinaba... Yo me estaba irritando con él, francamente, porque no se veía nada perturbado. Pero luego nos preguntó de qué hablábamos y le contamos.

TESTIGO. —¡Y allí cambió toda la cosa! De repente… el que aparentemente no sabía nada… era todo un erudito de la Escritura. Comenzó a recordarnos de todas las profecías…

CLEOFAS. —Sí… me acuerdo de sus palabras exactas: "¡Oh insensatos y tardos de corazón para creer todo lo que los profetas han dicho! ¿No era necesario que el Cristo padeciese todas estas cosas y que entrara en su gloria?".

TESTIGO. —Claro que su conocimiento y su pasión nos contagiaron. Había algo en él mientras hablaba que hizo arder nuestros corazones. Cuando llegamos a Emaús, le invitamos a que fuera a comer con nosotros.

CLEOFAS. —Aceptó… y cuando nos sirvieron la comida y la bendijo… *(emocionado)*… nos dimos cuenta. ¡Era él! ¡Ahora sabemos que era él!

(Fin del video pregrabado).

TESTIGO *(igualmente emocionado).* —No hay duda alguna… ¡Jesús ha resucitado!

REPORTERO *(conmovido).* —No tengo nada más que agregar.

LOCUTORA *(con una voz más aplacada, pero conmovida).* —Cabe decir que hemos escuchado otros reportajes similares… ¡sí que es un día extraño!

LOCUTOR. —Pues, de acuerdo en que es extraño. Pero hasta el momento son muy pocos los testigos. ¿Por qué no se presenta Jesús en público para que todos lo veamos? Es más... Jesús, si realmente vives, te invito a que vengas y te presentes ante los millones de televidentes ahora mismo. ¡Así nos convences!

LOCUTORA. —¿Sabes? Las profecías de las cuales nos recordaba Nicodemo apenas hace algunos días... todas se han cumplido. A mi parecer... ya no se trata de que él venga a cumplir nuestros caprichitos de sensacionalismo... ¡Ahora se trata de que nosotros vayamos a él! *(Se levanta).*

LOCUTOR. —¡Espera! ¿A dónde vas?

LOCUTORA. —¡A buscar al Jesús resucitado!

LOCUTOR *(perplejo, pero con decisión).* —¡Percibo que esta historia todavía no ha terminado!

(Se abre el telón. Jesús está parado en el centro del escenario mirando al frente en actitud solemne. Entra la reportera y cae de rodillas, luego lo hace el reportero, y luego van entrando otros de los personajes que participaron en el drama y se van arrodillando. Mientras, se escucha un número musical de un canto de adoración).

PARA ESTO VINO AL MUNDO

Carol Ann Martínez

DRAMA EN SIETE ACTOS

PERSONAJES:

Jesús
Discípulos
María Magdalena
Multitud
Eneas, ladrón
Salatiel, ladrón
Myrna, esposa de Eneas
Jael, hija de Eneas
Roammi, hija de Eneas
Juana
Barrabás
Ángeles (2)
Soldados (2)

PRIMER ACTO

Escenario: Pasillo del salón y plataforma, delante del telón cerrado.

Personajes:

Multitud
Jesús
Tres discípulos

MARÍA MAGDALENA *(debe estar muy pintada, con ropa llamativa y muchas joyas de fantasía; como una mujer que deja en tela de duda su reputación).*

(Jesús entra desde atrás, con mucho ruido, algarabía, gritos, música [música de flauta sería muy impactante], etc. Mucha gente lo está

siguiendo, apretujándose contra él, pidiendo que lo sane, que le escuche, que le toque. Él avanza hacia la plataforma y la gente lo sigue. Se ve gente mirando, otros burlándose, otros pidiendo ayuda).

VARIOS *(se oyen gritos. Varias personas corren por los pasillos principales anunciando).* —¡Ya viene Jesús! ¡Viene Jesús!

(Jesús llega a la plataforma, enfrente al telón. Diferentes personas se le acercan pidiendo ayuda, consejos, sanidad. En cada caso, Jesús responde. Tres de los discípulos están con él, tratando de controlar a la gente).

JESÚS *(con entusiasmo; predica algunas porciones de la Biblia a la gente. Lo que sigue es una sugerencia, pero se puede ampliar y/o cambiar).* —¡El reino de los cielos se ha acercado! Por eso es tiempo de que se arrepientan de sus pecados y se acerquen a Dios. ¡Vengan a mí todos los que están cargados y cansados que yo les haré descansar! ¡Mi yugo es fácil y mi carga es ligera! Yo he venido a sanar a los quebrantados de corazón y a liberar a los cautivos. ¡Vengan!

(De repente, se ve que María Magdalena está entre el grupo empujando, tratando de salir de entre la gente para acercarse a Jesús).

MARÍA MAGDALENA. —¡Déjenme acercarme!

PERSONA 1. —¡Eh! ¿Qué te crees? ¡Espera tu turno!

PERSONA 2. —¡Saquen a esta mujer de aquí! ¡Es la que menos se merece estar aquí!

PERSONA 3 *(burlonamente).* —¡Oigan todos: cuiden sus alforjas y sus joyas! ¡Ya viene la Magdalena!

(Varios hacen diferentes comentarios similares, con expresiones de burla, desprecio, molestia. La gente está fuera de control... Jesús está de espaldas, atendiendo a otros).

HOMBRE *(burlonamente, se coloca frente al grupo).* —¿Qué, María Magdalena? ¿Conque quieres ver a Jesús? ¿Desde cuándo te ha dado por querer acercarte a Dios?

(Otros también se burlan, haciendo alusión a su posible estilo de vida).

HOMBRE *(sigue con sus burlas).* —¡No podemos dejar a María Magdalena con sus caprichos sin satisfacer. ¡Todos sabemos cómo reacciona ella cuando no se le hace su voluntad! ¡Vamos, mujercita! ¡Vente! *(Se mete entre la multitud, toma bruscamente a María Magdalena del brazo y la arroja hacia la plataforma. Ella, enojada, le recrimina. Simultáneamente, Jesús gira hacia el frente, justo cuando María Magdalena cae prácticamente a sus pies, la mira y se dirige hacia ella).*

JESÚS *(con ternura).* —¡María! ¡María Magdalena! ¿Qué quieres conmigo?

MARÍA MAGDALENA *(titubeando).* —¿Cómo es que sabes mi nombre? ¿Qué te ha dicho esta gente de mí?

PERSONA ENTRE EL GRUPO. —¡No le hagas caso a ella! ¡Está loca!

OTRO. —¡Y es una ladrona!

OTROS. —¡Cuidado con ella!

MARÍA MAGDALENA. —¡Te suplico, Señor! ¡No les hagas caso! ¡No les creas!

JESÚS. —María Magdalena, no necesito escuchar a la gente. Yo te conozco. Sé todo acerca de ti.

MARÍA MAGDALENA *(reaccionando como si fuera la peor noticia que pudiera escuchar empieza a sollozar).* —¡Te suplico! ¡Tenme misericordia! ¡Tenme misericordia! ¡Yo no quiero ser así! ¡No quiero hacer las cosas de que me acusan!

JESÚS *(con mucha ternura).* —No temas, María. Sé que aunque la gente te rechaza, tú eres quien te rechazas más. Conozco cada lágrima que has llorado desde niña. Sé que apenas esta mañana contemplabas si valía la pena vivir. *(Le descubre su muñeca).* Sé del día en que trataste de terminar tu vida con esa navaja, y sé por qué Dios no te lo permitió. Es que mi Padre Dios te ama, y tiene un propósito para ti. *(La levanta).* María Magdalena, ¡sé libre! ¡Tus pecados te son perdonados! ¡Entra al reino de Dios ahora mismo!

MARÍA MAGDALENA *(comienza a llorar, pero de manera diferente, como de alivio. Entonces abraza a Jesús).* —¡Gracias! ¡Gracias! ¡Te seguiré cada día de mi vida!

SEGUNDO ACTO

ESCENA 1

Escenario: la casa del ladrón. Debe estar bien acomodada. Se ven cosas finas y otras de mal gusto, resultado del botín de este hombre.

Personajes:

Eneas
Salatiel
Myrna
Jael
Roammi

(Entran Eneas y Salatiel. Traen bolsas llenas de cosas).

ENEAS. —¡Mujer! ¿Dónde estás? ¡Jael! ¡Roammi! ¡Vengan!

(Aparecen las tres con una actitud de temerosa obediencia).

MYRNA. —Señor. Aquí estamos. ¿Hay un problema? ¿Quiere que les prepare algo de cenar?

ENEAS. —¿Qué pasa contigo? ¿Por qué esa cara de miedo? ¿Quieres que mi colega aquí tenga una mala opinión de mí? *(Los dos se miran como burlonamente).*

MYRNA. —No, señor.

ENEAS. —¡Entonces, ya basta de malas caras! ¡Y ustedes también *(dirigiéndose a las muchachas).* ¡Dejen de mirarme como si estuviera a punto de darles una paliza! Acérquense… ¡que hoy tenemos mucho que celebrar! ¡Miren lo que les he traído!

(Obedientes, las hijas se acercan).

ENEAS. —Salatiel, ¡muéstrales el botín! ¡Ahora sí que les quitamos a esos tontos romanos mucho de lo que nos han quitado a nosotros! ¿Quién tiene la ventaja ahora?

(Eneas y Salatiel empiezan a sacar copas de oro, joyas, etc. Finalmente, sacan una bolsa y desparraman monedas de oro y de plata sobre la mesa).

ENEAS. —¿Qué les parece, mujercitas? ¿Cómo ves a tu viejo, esposa mía? *(Trata de acercarse a ella para hacerle un cariño, pero ella se echa para atrás, como repugnada. Molesto, él la atrapa).* ¿Qué? ¿Me rechazas? ¿No te das cuenta con quién te estás metiendo?

MYRNA. —Eneas... ¡por favor! ¡En este momento, no!

SALATIEL. —Sí, cálmate Eneas. Lo que haces con ella cuando yo no estoy aquí es asunto tuyo... pero ahora tenemos que repartir qué es para quién. Por cierto, *(empieza a mirar hacia todos lados)* ¿dónde está María Magdalena? ¡Me parece raro que no esté aquí con ustedes!

JAEL. —¿María Magdalena? ¡Aquí no se la visto en varios días! ¿No estaba contigo?

SALATIEL. —No, ¡y falta que nos hacía!

ENEAS. —Bueno... en más de un sentido. ¡Ella tiene habilidades y gracias... que nosotros no tenemos!

SALATIEL. —¡Mientras no se haya metido con Barrabás! ¡Ya le tengo ganas a ese ingrato ladrón que tanto me ha amargado la vida! No sé cuántas veces nos ha ganado los botines. La última vez que María Magdalena se enojó, amenazó irse con Barrabás... ¡espero que no lo haya hecho, por su propio bien!

ENEAS. —¡Ya no te compliques, hombre! Además, ¿para qué

seguir compartiendo el botín con alguien que ni siquiera sabemos si es totalmente leal? Mira... *(se acerca a Roammi y la toma del brazo con brusquedad)*. ¡Mira! ¡Aquí está la mayor de mis hijas! ¡Tómala como mujer! ¡Así todo queda entre familia!

ROAMMI. —Papá... ¡no!

SALATIEL *(la mira desinteresadamente)*. —¿Roammi? Quizá... no lo había pensado. Pero me preocupa Magdalena... voy a buscarla.

(Se despide y se va).

ROAMMI *(cae a los pies de su padre)*. —Papá... ¡te suplico! ¡No me entregues a Salatiel! ¡No me cases con él!

ENEAS. —¿Y ahora qué? ¿Te parece muy poca cosa mi compañero de trabajo?

ROAMMI. —Papá... es que sé que Jonás tiene interés en mí. Te suplico... ¡jamás pensé que alguien con un modo de vivir tan digno mostrara interés en mí!

ENEAS *(enojado y violento)*. —¿Cómo que una vida digna? ¿Qué me estás diciendo? ¿Que ese pescador muerto de hambre es mejor que yo? ¿Que yo no soy una persona digna? ¿Qué de esto...? *(Toma algunas monedas de la mesa y se las arroja)*. ¿Prefieres pescado muerto en vez de oro?

MYRNA *(interviene)*. —Por favor... tranquilo. *(Trata de tomarlo del brazo, pero él se sacude)*.

ENEAS. —Quiero aclarar algo: ¡Aquí se hace lo que yo digo! Y si digo que se mueran de hambre… ¡se mueren de hambre! Y si digo que tú, Roammi, te casas con Salatiel, ¡así será también!

(Se apagan las luces).

ESCENA 2

Escenario: El mismo de la escena anterior. Debe mostrarse que es otro día.

Personajes: Los mismos de la escena anterior, más María Magdalena.

(Se escuchan golpes a la puerta. Myrna va a abrir. Entra María Magdalena. Está vestida de una manera muy diferente, más sencilla y recatada. Ambas se saludan efusivamente. Aparecen las dos hijas y también se saludan).

MYRNA. —María, ¡hemos estado preocupados por ti! *(La aparta un poco y la mira de arriba a abajo).* Por cierto, ¿dónde has estado? ¡Te ves muy diferente!

MARÍA MAGDALENA *(se aparta para hablar).* —No sé por dónde empezar… pero, ¡es que soy diferente! ¡Mi vida ha cambiado radicalmente en estos últimos tres días!

JAEL. —¿Qué te pasó?

MARÍA MAGDALENA. —El otro día, iba en camino a Betania… mi intención era buscar a Eneas y a Salatiel… Salatiel me había confiado los planes que tenían. Me compartió que, dado que el hijo y la hija de dos de los principales funcionarios de la ciudad estaban celebrando su casamiento, sabían que las casas de varios estarían desatendidas mientras asistían a la fiesta de boda. ¡Qué oportunidad! Pero como yo me sentía mal... ellos se me adelantaron. ¡Con lo que yo no contaba era con que Jesús venía para esta ciudad!

ROAMMI. —¿Jesús? ¿Cuál Jesús?

MARÍA MAGDALENA. —¡Jesús, el Cristo! ¡El Hijo de Dios! ¡El Mesías! ¡El que ha venido a liberar a todo el pueblo de la opresión! ¡El...

MYRNA *(interrumpiendo)*. —¡Calma! ¡Calma! Yo sé a quién te refieres, pero que sea todas esas cosas... según yo he escuchado es un loco que está sufriendo de alucinaciones de autoimportancia.

MARÍA MAGDALENA. —Eso había escuchado yo también. Cuando oí los gritos de que se acercaba... la verdad es que al principio me acerqué sólo por curiosidad, pero luego...

ROAMMI. —¿Luego, qué?

MARÍA MAGDALENA. —Cuando lo vi pasar por cerca de mí... inmediatamente sentí algo. Algo que no puedo explicar. Pero fue algo que me hizo saber que yo tenía que ir y, por lo menos tocarlo. Claro que... cuando traté de acercarme se armó el escándalo. Había varios que me conocen, y conocen mi trayectoria, y quisieron impedir acercarme a toda costa. Pero de alguna manera, llegué con él y...

JAEL. —¡No te detengas! ¡Síguenos contando!

MARÍA MAGDALENA. —¡Fue algo maravilloso! ¡Increíble!

¡Él sabía mi nombre! ¡Y luego me dijo que conocía todo acerca de mí! En ese momento me sentía tan sucia.... Tan avergonzada... Tan ruin. Yo sabía que estaba frente a un hombre santo... un hombre de poder. Y lo único que le pude decir fue: "Jesús, ¡ten misericordia de mí! ¡Tenme misericordia!".

ROAMMI. —¡Sigue! ¿Qué pasó entonces?

MARÍA MAGDALENA. —Él me dijo: "¡El que el Hijo libertare será verdaderamente libre!". Y luego me dijo: "María Magdalena: sé libre. Tus pecados te son perdonados". De repente sentí como si una tonelada de piedras se me quitara de encima. Mi vida es totalmente diferente. Y la verdad es que hoy... vengo a despedirme. Voy a seguirle...

MYRNA. —¿Cómo que lo vas a seguir? ¿Y nosotros? ¿Y el negocio? ¿Y Salatiel?

MARÍA MAGDALENA. —Nada de eso importa ya. Sólo quiero estar cerca de mi Maestro... ¡Enseña tan hermoso! ¡Y si vieran todos los milagros que está haciendo! Hay ciegos que ven, cojos que corren, y otras personas oprimidas por el diablo, como yo, ven. ¿Cómo puedo resistir la oportunidad?

MYRNA. —Pero él viaja por todas partes...

MARÍA MAGDALENA. —Sí, viaja con sus doce discípulos, aunque casi siempre hay otros más que lo siguen. Y también le siguen algunas mujeres, entre otras las esposas de algunos de sus seguidores, para atenderles. Me han invitado a acompañarlas.

(De repente, entran Eneas y Salatiel haciendo mucho escándalo).

ENEAS *(con voz fuerte).* —¿Que a quién han invitado a dónde? ¡Vaya! ¿A quién vemos aquí? ¡La desaparecida! *(Con sarcasmo).* ¡Gracias por habernos ayudado con ese último trabajito! ¿eh...?

SALATIEL *(con un poco más de ternura, se acerca a María Magdalena).* —Magdalena, ¿dónde has estado? ¡Estaba preocupado por ti! Oye… ¿qué te hicieron? ¿Dónde están los aretes y demás joyas que te regalé?

MARÍA MAGDALENA *(se aleja).* —Ya les conté a ellas donde he estado. Ellas les podrán contar toda la historia… tengo que salir de prisa a prepararme para irme.

SALATIEL. —¿Para irte a dónde? Mira, si has decidido irte con Barrabás… ¡no te lo perdonaré jamás!

MARÍA MAGDALENA. —No. No voy con Barrabás. Voy a seguir a Jesús, el Cristo, el Mesías. Él transformó mi vida y no quiero hacer nada más que poder aprender de él. Les suplico… tan pronto como puedan, acérquense a él ustedes también y escúchenlo. No crean todos los chismes que han oído acerca de él. ¡Él transformará sus vidas también!

ENEAS. —¡Estás más loca que nunca! ¿Cómo se te ocurre ir con ese perdedor?

MARÍA MAGDALENA. —No, no es un perdedor… sino mi Salvador. Perdónenme por irme ya, pero tengo que irme de prisa. Las mujeres me dieron poco tiempo para despedirme. ¡Adiós!

SALATIEL. —María, ¡espera! ¡Piénsalo, por favor!

MARÍA MAGDALENA. —No, Salatiel. Pero, ¿por qué no vienes tú también? ¡Renuncia a esta vida! ¡La vida que Jesús ofrece es mil veces mejor!

ENEAS *(interponiéndose).* —¡Salatiel! No escuches a esta mujer que no es más que una traidora. Si te vas con ella… ¡tú y yo terminamos nuestra relación para siempre!

SALATIEL *(titubea).* —Me quedo. María Magdalena, estás cometiendo un gran error.

MARÍA MAGDALENA. —No, yo sé que no. *(Sale).*

SALATIEL *(indignado).* —¡No lo puedo creer! ¡No puedo creer que María Magdalena nos haya traicionado después de tanto tiempo! ¡No puedo creer que nos haya dejado!

ENEAS. —Ya deja de lloriquear, ya te dije que es mejor que todo quede en familia. *(Va hacia Roammi, la toma a la fuerza y se la arroja a Salatiel. Ella muestra estar horrorizada).* ¡Tómala por mujer y vete! ¡Consuélate con ella!

SALATIEL *(la mira con desprecio y desinterés).* —Es que Roammi no me interesa… ¡no es la clase de mujer que yo quiero!

ENEAS. —¿Estás menospreciando mi regalo? Escúchame: Quiero que todo quede en familia. ¡Es tuya! ¿O prefieres a Jael? ¿O a ambas? *(Las presenta a las dos con brusquedad).*

SALATIEL. —No… tomaré a Roammi por mujer.

(Se apagan las luces).

ESCENA 3

Escenario: El mismo de las escenas anteriores. En la sala hay una cuna con un bebé. Ha pasado más de un año.

Personajes: Los mismos de la escena anterior, más Juana.

(Golpean a la puerta. Myrna va a abrir y entran María Magdalena y Juana).

MYRNA. —María Magdalena, ¡qué alegría verte! ¡Ha pasado más de un año desde que nos vimos!

(Roammi y Jael también la saludan).

MARÍA MAGDALENA. —Lo sé. Amigas mías, ¡tengo tanto que contarles! Jamás pensé que yo… una mujer que andaba en tan mal camino, sin una pizca de esperanza… una mujer que no tenía valor alguno ante el mundo, experimentaría la vida tan increíble y extraordinaria que ahora estoy viviendo. *(Mientras habla, Roammi va a la cuna y levanta a su bebé).* Pero… ¿qué tenemos aquí?

ROAMMI. —Esta es mi buena noticia… la única noticia agradable que tengo que contarte. Te presento a mi Ezequiel.

MARÍA MAGDALENA *(lo levanta en sus brazos).* —¡Ezequiel! Ahora veo que, a pesar de las circunstancias… ¡Dios ha bendecido tu casa, también!

JAEL. —¡Cuéntanos! ¿Cómo ha sido tu vida desde que estás siguiendo a Jesús, el Maestro?

MARÍA MAGDALENA. —¡No sé por donde empezar! Pero… con la emoción del momento ni siquiera les he presentado a mi compañera, Juana. Ella es otra de las mujeres que acompaña a Jesús. *(Se saludan).*

MARÍA MAGDALENA *(continúa su relato).* —Ahora, en cuanto a mis experiencias… A Jesús, el Mesías, Dios también le dio el nombre Emmanuel, que significa "Dios con nosotros". Al ver a Dios a través de Jesús, su Hijo, me doy cuenta de que el más grave error de los hombres, y peor engaño de Satanás, es creer que el Señor es un Dios adusto, amargado y legalista. Todo lo contrario… Es verdad que es un Dios de justicia… pero ahora, a través de Jesús, he visto que es un Dios lleno de amor, gracia y misericordia. ¡Él anhela el bienestar para su pueblo amado!

ROAMMI. —Te confieso que en estos momentos me es difícil concebir a un Dios bueno y misericordioso. Por favor, cuéntanos algunas de las cosas que has visto y oído.

MARÍA MAGDALENA. —Vi a Jesús sanar a tantas personas… en una ocasión le llegaron diez leprosos… ¡y los sanó a todos instantáneamente! Ha sanado a cojos, y ciegos… y a una mujer, ¡la liberó de un espíritu que la había dejado encorvada por más de dieciocho años!

JUANA. —También vimos que Dios no hace acepción de personas. Llegó un centurión romano pidiendo que sanara a su siervo, y allí, desde donde estaba, Jesús le dijo que estaba sano, y así fue. Le encanta ir a casa de aquellos que los fariseos consideran impíos. Sin duda el caso que nos impactó más fue el de Zaqueo. Este pobre cobrador de impuestos era tan odiado por los demás que se tuvo que subir a un árbol para ver a Jesús porque nadie le abría el paso. Como es bajito de estatura… le era imposible verlo desde atrás. Pero Jesús le llamó por su nombre, fue a su casa a comer, y Zaqueo no sólo se arrepintió sino que devolvió cuatro veces más de todo el dinero que había cobrado de más.

MARÍA MAGDALENA. —Eso no es todo... Hay una cosa insólita tras otra... Ha alimentado a miles de personas con unos cuantos panes. Ha resucitado a personas muertas... incluyendo a su amigo Lázaro que llevaba cuatro días en la tumba.

JUANA. —Una y otra vez nos ha enseñado que no hay nada imposible para Dios... ¡Y lo hemos visto en carne propia!

MARÍA MAGDALENA. —Pues bien, después les seguimos contando. Ahora quiero saber acerca de ustedes... ¿cómo les ha ido? ¿Cómo están sus esposos?

MYRNA. —Con nosotros nada ha cambiado. Ellos siguen en el negocio... ¡la verdad es que me da temor! No sé cuánto tiempo más pueden seguir en esto sin que los detengan.

MARÍA MAGDALENA. —Y tú, Roammi... ¿cómo te trata Salatiel? Te ha dado un bellísimo niño pero, ¿qué de lo demás?

ROAMMI. —Sí, Ezequiel es la alegría de mi vida. En verdad, él ha traído alegría a toda esta casa... no sólo a mí sino también a mi mamá y a mi hermana.

MARÍA MAGDALENA. —Pero, ¿seguramente tu papá y Salatiel también están contentos?

ROAMMI. —En cuanto al niño, sí. Mi papá constantemente nos echaba en cara a mi hermana y a mí que, por ser mujeres, le éramos inútiles...

MYRNA. —Y a mí me reclamaba que no le pude dar un hijo varón. Por eso, pienso, nos ha tratado a las tres con tanto menosprecio. Lo triste es que Salatiel tampoco está tratando bien a Roammi…

MARÍA MAGDALENA. —Roammi, ¡cuánto lo siento!

ROAMMI. —No es de sorprenderse. Tú sabes que él te quería a ti… La única razón por la que me tomó a mí como mujer fue por no despreciar "el regalo" de mi papá. Pero nunca me ha amado.

MARÍA MAGDALENA. —Lamento que por mi causa hayas sufrido tanto.

ROAMMI. —No te preocupes. Si no hubiera sido Salatiel… seguramente mi papá me hubiera "regalado" a otro hombre.

JUANA. —¡Cómo cambiarían sus vidas si también ustedes siguieran al maestro Jesús!

MYRNA. —Probablemente tienes razón, Juana. Pero cuando María Magdalena se fue… pensábamos que estaba más loca que nunca. Jamás pensamos que seguir a Jesús daría más gozo que tener mucho oro y plata… aunque fuera mal obtenido. ¡Ahora nos toca sufrir las consecuencias!

MARÍA MAGDALENA. —Amigas, es tarde y no podemos quedarnos más tiempo por hoy. Pero vamos a estar por aquí un par de días más, antes de ir a Jerusalén. Jesús quiere estar allí para el tiempo de la Pascua. Antes de irnos, vendré para hablarles más de este maravilloso Jesús. ¡Nunca es demasiado tarde para permitir que él cambie sus vidas también! *(Se despiden).*

ESCENA 4

Escenario: En la misma casa, de noche. Se escucha el llanto fuerte de un bebé.

Personajes:

Roammi
Myrna
Jael
María Magdalena
Jesús

ROAMMI *(meciendo al bebé en sus brazos).* —Mamá, ¿qué más puedo hacer? ¡Ya le di todas las medicinas que nos dejó el médico, y su fiebre todavía no cede! ¡No sé cuánto más tiempo puedo soportar escuchar a mi pobre bebé llorar así… no dejó de llorar durante toda la noche!

MYRNA. —Ánimo, hijita. Mientras llora de esa manera significa que no ha perdido las fuerzas. ¿Por qué no le das otro baño para ver si así baja la temperatura? ¡Jael! Ve al mercado y pregunta a la curandera si hay alguna otra hierbita que quizá lo ayude.

(Roammi y Jael salen en direcciones opuestas. Myrna se queda hablando sola).

MYRNA. —¡Trato de darle ánimo a Roammi, pero la verdad es que estoy muy, muy afligida. ¡Si algo le pasa a ese pequeñito… toda la vida y la poca luz y alegría en esta casa se van a terminar! Y luego, para variar… quién sabe dónde están nuestros maridos cuando más los necesitamos. ¿De qué nos sirven las riquezas si nuestro bebé tan amado muere? ¡Ya no sé qué más hacer!

ROAMMI *(entra gritando histéricamente).* —¡Mamá! ¡Ezequiel tiene convulsiones! ¿Qué hago? ¿Qué hago?

(Myrna corre atrás con Roammi. Aunque no se ven, se siguen escuchando las voces).

ROAMMI. —¡Haz algo, mamá! ¡Pronto! ¿Qué está pasando? ¡Está demasiado quieto!

MYRNA. Tranquila, hija… ahorita reacciona…

ROAMMI. —¡Rápido, mamá! ¡Te lo suplico! ¡Pellízcalo, haz cualquier cosa, pero haz que llore otra vez!

MYRNA. —Hijita… el corazoncito de Ezequiel ya no está palpitando.

ROAMMI. —¡No! ¡Tiene que salvarse! Si no, me muero yo con él.

(En ese momento entra Jael).

JAEL. —¡Mamá! ¡Roammi! ¡Me acaban de dar otra hierba para bajarle la fiebre!

MYRNA *(reaparece, muy triste).* —Hija, me temo que es demasiado tarde.

JAEL. —¿Tarde? ¿Cómo?

ROAMMI *(entra con el bebé en brazos).* —¿Trajiste otro té? ¡Mamá! ¡Hazlo pronto! ¡Ezequiel tiene que revivir! ¡No puede estar muerto! ¿Qué le digo a Salatiel? ¿A papá?

JAEL. —¿Revivir? ¿Ezequiel está muerto? *(Se acerca a su hermana, quien cae de rodillas con el bebé en brazos y llora amargamente).*

ROAMMI. —¡No! ¡No! ¡No! ¡Hagan que reviva!

JAEL *(de repente muestra con su actitud que se le ocurre algo. Roammi está totalmente concentrada en el niño y para nada hace caso a la siguiente conversación).* —Mamá... ¿todavía está en el pueblo María Magdalena?

MYRNA. —Debe estar... creo que saldrán mañana rumbo a Jerusalén.

JAEL. —Mamá, ella y Juana contaron de tantos milagros que vieron hacer a Jesús. ¡Él puede resucitar a nuestro bebé! Seguramente María sabe dónde encontrar a Jesús. ¡Voy a buscarlos ahora mismo!

MYRNA. —No te hagas ilusiones, hija. Si Jesús es tan bueno como dicen... ¡él jamás entrará en casa de unos ladrones comunes como nosotros! ¡Nosotros no merecemos que siquiera nos dirija una mirada. ¡Mucho menos un milagro!

JAEL *(lista para salir).* —¡Es que María Magdalena dijo que era precisamente a gente como nosotros a quienes él había venido! ¡Ya vengo!

(Sale Jael. Se opacan las luces del escenario para demostrar el paso del tiempo. Cuando vuelven a encenderse, Roammi sigue en el piso, meciendo al bebé, totalmente "desconectada". La mamá está sentada cerca, llorando. Entra Jael corriendo).

JAEL *(con alegría y entusiasmo).* —¡Mamá! ¡Roammi! ¡Ezequiel no está muerto! ¡Sólo está dormido!

ROAMMI *(reacciona con una leve sonrisa).* —¿Verdad que sí? ¿Verdad que no está muerto?

MYRNA *(enojada).* —¡Calla, Jael! ¡No seas insensata! ¡El niño ya lleva más de tres horas sin vida! ¡Ya hasta se puso frío! ¿Quieres causar más dolor al decir que sólo duerme? ¿De dónde sacaste esa idea tonta?

MARÍA MAGDALENA *(primero sólo se oye su voz, pero luego aparece en escena).* —¡Jesús es quien lo dijo! ¡Él está aquí! ¡Ha venido a ver al bebé!

MYRNA. —¿Y qué puede hacer Jesús? ¡Él no va a perder su tiempo con nosotras!

ROAMMI *(con esperanza).* —Mamá, tú piensa lo que quieras… pero yo sí quiero que Jesús vea a Ezequiel. ¡María! ¡Dile que pase!

(Sale María Magdalena. Enseguida vuelve a entrar. Jesús entra detrás de ella).

MARÍA MAGDALENA. —Amiga, ¡este es Jesús de Nazaret!

MYRNA. —No, ¡no es posible!

(Simultáneamente con este intercambio, Jesús toma el bebé en sus brazos. Lo pone cerca de su corazón con cariño y ternura. De repente, se escucha el llanto fuerte del bebé. Myrna e hijas reaccionan con alegría, incredulidad, histeria. Roammi toma al bebé).

MYRNA *(se tira a los pies de Jesús, sollozando).* —¿Quién eres, Señor? ¿Por qué te has dignado a entrar a esta casa de ladrones para traernos otra vez alegría?

JESÚS. —Soy Jesús de Nazaret, el Cristo. Y he venido no sólo para demostrarte que nada es imposible para Dios, sino para traer salvación a esta casa, si así lo quieren. Les invito: ¡síganme ahora mismo!

MYRNA. —¡Donde tú digas, Señor!

Posible variación: en vez de mostrar la escena anterior de Jesús sanando con diálogo, hacerlo con mímica mientras se escucha un canto que alude a Jesús y su poder para sanar.

(Se opacan rápidamente las luces).

ESCENA 5

Escenario: El mismo de las escenas anteriores

Personajes:

Eneas
Salatiel
Myrna
Jael
Roammi

(Al encenderse las luces, están en escena Eneas y Salatiel con botín. Se ve que acaban de llegar).

ENEAS *(gritando).* —¡Mujeres! ¿Dónde están? ¿Acaso no nos han preparado algo de comer?

(Entran las tres mujeres juntas. Roammi lleva a su bebé en brazos).

MYRNA. —¡Ahora mismo hacemos algo!

(Salatiel corre hacia su esposa y le quita el niño).

ENEAS. —Pues, ¡apúrense! No nos ha ido muy bien que digamos en el negocio estos días y estoy de muy mal humor ¡No me provoquen más! ¿Y ustedes qué? ¿Por qué esas caras como si hubieran visto un fantasma?

JAEL. —Es que pasó algo hoy...

ENEAS *(desinteresadamente, mientras se sirve algo de tomar).* —Ah, ¿sí? A ver con qué pretexto salen para encontrarlas así... y la casa en tanto desorden.

MYRNA *(con cautela).* —Eneas, Salatiel, anoche Ezequiel se puso muy enfermo. La fiebre era muy alta y parecía que no había nada que pudiéramos hacer para bajarla.

SALATIEL *(ahora con preocupación e interés).* —¿Y luego? Roammi, ¿qué pasó?

ROAMMI. —Esta mañana... tuvo convulsiones y luego... *(comienza a llorar otra vez ante el recuerdo).*

MYRNA *(se acerca con Roammi y Salatiel y luego habla con decisión).* —Esta mañana Ezequiel murió. Por tres horas no palpitó su corazoncito ni respiró...

ENEAS. —¿Por qué estas mentiras ahora? ¡El niño está perfectamente bien! ¿Qué están tratando de lograr?

JAEL. —¡Sí que murió! Pero luego yo me acordé de lo que nos había contado María Magdalena…

SALATIEL. —¿María Magdalena? ¿Dónde la vieron?

ROAMMI. —María Magdalena estuvo aquí en esta casa ayer, cuando ustedes no estaban. Vino y nos contó de las grandes maravillas que había visto a Jesús hacer.

ENEAS *(entre burla y molestia).* —¿Jesús de Nazaret? ¡Ese es un charlatán!

SALATIEL. —¡Y yo te había prohibido que tuvieras contacto alguno con ella, Roammi, desde que…!

ROAMMI. —Desde que ella prefirió seguir a Jesús en lugar de a ti, Salatiel. Yo sé la verdad. Pero también sé que hoy, cuando Jael la fue a buscar, ella trajo a Jesús a esta casa, ¡y él revivió a nuestro bebé!

SALATIEL *(sacudiéndola).* —¡Son mentiras! ¡Mentiras! ¿Qué es lo que están tratando de lograr con esto?

ENEAS. —¡Ja! Jesús, el que supuestamente habla del amor de Dios y hace buenas obras, ¿en mi casa? ¡Ya lo voy a creer! ¡Sólo es un mago!

(Las tres tratan de convencerlos).

ENEAS. —Bueno, ¡ya basta! Salatiel y yo nos tenemos que dormir temprano porque mañana madrugamos para ir a Jerusalén.

MYRNA. —¿A Jerusalén? ¿A qué?

ENEAS. —¿Qué les pasa? Como siempre, ustedes no están enteradas de nada. ¡Es la temporada de la fiesta de la Pascua! ¡Va a llegar gente de todas partes…! ¡Es una situación excelente para el negocio!

MYRNA. —¡Por favor! No se aprovechen de las personas que sólo vienen a buscar a Dios.

ENEAS. —Y ahora tú, ¿qué? ¿Por qué tan religiosa de repente? ¿Jesús hizo eso también? *(Lo pregunta burlándose… Salatiel y él se intercambian miradas burlonas).*

(Se apagan las luces).

ESCENA 6

Escenario: El mismo de las escenas anteriores.

Personajes:

María Magdalena
Myrna
Juana
Jael
Roammi

(A la mañana siguiente están María Magdalena y Juana con las otras tres).

MARÍA MAGDALENA. —Entonces, ¿qué han decidido? ¿Se vienen a Jerusalén con nosotras?

MYRNA. —No sé... de por sí Eneas y Salatiel ya estaban enojados e incrédulos. ¿Qué dirán si nos encuentran en Jerusalén sin siquiera haberles pedido permiso?

JUANA. —¿Y acaso les hubieran dado permiso si se lo hubieran pedido? ¡Claro que no! Amigas... creo que ahora es el momento de que tomen una decision seria... ¿aceptarán la invitación de Jesús, el Hijo de Dios, o no?

JAEL. —Mamá, ¡Yo sí quiero ir!

ROAMMI. —¡Yo también! ¡Quiero estar más cerca y aprender de Aquel que pudo resucitar a mi bebé! ¡Ni pensar en perder esta oportunidad!

MYRNA. —¡Tienen razón! ¡Después nos las arreglamos con nuestros esposos! ¡Vamos!

(Se cierra el telón).

QUINTO ACTO

Sugerencia: proyectar un segmento de algún video que muestre la entrada triunfal de Jesús, el templo, etc., seleccionar porciones que tengan que ver con la semana de la pasión. Proyectarlas sin las voces sino con fondo musical. Dar suficiente tiempo para cambiar el escenario.

Escenario: El escenario está dividido en dos: un lado es un patio, dando a una calle de Jerusalén; el otro lado es el interior de una cárcel.

ESCENA 1

Personajes:

María Magdalena
Natanael
Juana
Tomás
Myrna
Roammi

(En el patio. Las mujeres están reunidas contando, muy felices, las experiencias que han tenido. Llegan dos discípulos, Natanael y Tomás, y se ponen a sollozar amargamente).

MARÍA MAGDALENA. —¿Qué les pasa? ¿Por qué lloran?

NATANAEL. —¡Algo terrible ha pasado! ¡Jamás pensamos que ocurriría! *(Sigue llorando).*

JUANA. —¡Cuéntanos!

TOMÁS. —Cuando Jesús dijo que preparáramos un lugar para cenar con él, jamás nos imaginamos que iba a ser un evento trágico. Pero desde un principio tenía una nota algo triste… se sentía una pesadumbrez. Allí, Jesús nos advirtió que alguien estaba a punto de traicionarlo… Pero no cualquier persona sino… ¡uno de nosotros! ¡Sus más allegados!

NATANAEL. —No lo podíamos creer… Pero luego Jesús le entregó un pedazo de pan a Judas y éste se salió corriendo. Nosotros aún no captábamos lo que estaba ocurriendo.

TOMÁS. —Jesús insistió en que de allí fuéramos al huerto de

Getsemaní porque quería orar. Lo vimos perturbado, triste, acongojado. ¡Nunca antes lo habíamos visto así! Cuando llegamos, dijo que quería estar a solas… sólo se llevó a Pedro, Juan y Jacobo más lejos con él.

NATANAEL. —Nosotros nos quedamos y prometimos que también estaríamos velando en oración por la situación… pero no lo hicimos. ¡Nos quedamos dormidos! Después, Juan nos confesó que ellos también se quedaron dormidos en vez de orar. ¡Pobre Jesús! ¡Todos lo abandonamos en su momento de más necesidad!

MARÍA MAGDALENA. —¡Sigue! ¿Dónde están ellos ahora? ¡Llévanos a donde está Jesús ahora mismo!

TOMÁS. —No podemos... ¡Lo arrestaron! ¡Llegó una multitud de personas con palos, y soldados con armas… y arrestaron a Jesús! ¡A este hombre que tanto amó, sanó, y alimentó… lo tomaron preso como si fuera un criminal común!

NATANAEL. —¡Y fue Judas quien lo entregó!

JUANA. —¡No! No puede ser. ¿Dónde está? ¿Qué va a pasar ahora?

NATANAEL. —Según esto, lo van a juzgar… pero corren rumores de que lo quieren crucificar. Anoche hubo también una redada de criminales comunes. Tal parece que el plan es crucificar a estos mañana, antes de que empiece el día de la Pascua. Están diciendo que ahora los oficiales religiosos van a convencer a Pilato de que crucifiquen también a Jesús.

(Entre todos hacen comentarios incrédulos: ¡No! ¡No es posible! etc.).

MYRNA *(como prestando atención a la conversación por primera vez).* —Disculpe… usted dijo que también iban a crucificar a algunos ladrones. ¿Acaso no sabe quiénes son?

(Los discípulos la miran incrédulamente, como preguntándose cómo se le ocurre preocuparse por eso en este momento).

JUANA *(como explicando).* —Esta es Myrna… recién se ha convertido en una seguidora de Cristo. Pero los esposos de ella, y de su hija *(la señala y esta se acerca con el niño)* son ladrones que habían venido a Jerusalén. Es por eso que pregunta.

NATANAEL *(con más cuidado y cautela).* —Lo que sabemos a ciencia cierta es que agarraron a Barrabás. ¡Él era un criminal muy notorio en esta zona y tanto judíos como romanos querían deshacerse de él. Pero, no creo que él sea el esposo de una de ustedes, ¿verdad?

ROAMMI. —No… pero lo conocíamos. Él y nuestros esposos eran rivales.

NATANAEL. —¡Tengan ánimo! Durante estos días de fiesta siempre hay muchos ladrones. Pidan que Dios, en su misericordia, les permita a sus esposos arrepentirse y entregar sus vidas a Jesús, al igual que ustedes.

ESCENA 2

Sugerencia: antes de esta escena, proyectar segmentos de algún video que muestre algo del trato que le dan a Jesús y sus juicios antes de la crucifixión.

Escenario: En la cárcel. Se ve a Barrabás y Salatiel presos, y a un soldado vigilándolos. Hay otro prisionero tirado en el suelo, pero debe mantener su rostro oculto durante toda la escena. Todos están muy golpeados. Desde afuera se escuchan los gritos del motín de la gente: "¡Crucifíquenlo!".

Personajes:

Barrabás
Salatiel
Soldado
Soldado 2

BARRABÁS *(en tono burlón).* —¡Pobre tipo! ¿Viste como lo dejaron? ¡Está peor que nosotros!

SALATIEL. —Sólo hay una diferencia: a él lo van a soltar en un rato. ¡Tú y yo vamos a dar a la cruz!

BARRABÁS. —¡Ja! Así que al final, tú y yo juntos... en la peor ejecución que ha conocido la humanidad! ¡Eh, guardia!

SOLDADO. —¿Qué quieren?

BARRABÁS. —¡Tengo una magnífica idea! En vez de crucificarnos, lo que es tan molesto para ustedes, ¿por qué mejor no nos llevan al circo para que Salatiel y yo luchemos hasta que uno muera? ¡Eso será mucho más entretenido para tus gobernantes!

SOLDADO. —¡Calla! ¡No seas insensato! ¡Las cruces ya están listas! ¡Hubieras decidido cómo querías morir antes de matar y robar!

SALATIEL. —¿Robarle a la gente? Si nos van crucificar por rateros, ¡tendrían que crucificar a todo el pueblo romano!

SOLDADO. —¡Cállate! *(Lo abofetea y lo tira al suelo).*

BARRABÁS *(burlándose).* —Insisto… dile a tu gobernador que me deje despedazar a este en el circo romano. ¡Prometo hacerlo lentamente para que les dure la diversión!

SALATIEL. —¿Y qué te hace estar tan seguro de que me vas matar a mí, en vez de que yo te mate?

(Se escuchan los gritos: "¡Barrabás! ¡Barrabás!").

SOLDADO. —¡Ja! ¿Qué les parece si los lanzo a la multitud para que ellos los linchen? ¡Escucha tu nombre, Barrabás! ¡Es obvio que te tienen ganas!

(Entra otro soldado).

SOLDADO 2. —Vengo por Barrabás.

BARRABÁS *(de repente muestra cierto temor).* —¿Para qué? ¿Qué es lo que quiere la gente conmigo?

SALATIEL *(burlándose).* —¡Ja, ja, ja! Ándale, hombre fuerte y temible… ¡ya te vas a encontrar con tus verdugos antes que yo!

SOLDADO 2. —No… no vengo a eso. Barrabás, Pilato dejó que la gente escogiera entre tú y el que se dice el Mesías, para liberarlo. No lo entiendo… Por lo que escuché, lo único cuestionable que hizo Jesús era darse aires de grandeza… "de rey de los judíos". ¡Pero la gente ha escogido dejarte libre a ti!

BARRABÁS. —¿A mí?

SOLDADO 2. —Sí... ¡aunque para nada lo mereces! ¡Estoy convencido de que el pueblo judío está más loco que nunca! Vamos, vete rápido antes de que yo mismo me arrepienta y te ajusticie con mis propias manos.

BARRABÁS *(a carcajadas).* —¡Estoy libre! ¡Estoy libre! *(Mirando a Salatiel y al desconocido que está tirado en el suelo).* ¡Adiós, infelices! ¡Disfruten de su crucifixión!

(Sale).

SOLDADO 2. —Ahora, ustedes dos, ¡levántense ya!

SALATIEL *(con voz esperanzada).* —¿A nosotros también nos han dejado libres?

SOLDADO. —¿Qué te crees? ¡Todo está listo para la crucifixión! ¡Es tiempo para sus muertes tan merecidas!

(Se cierra el telón).

SEXTO ACTO

(Con música solemne y luces bajas, Jesús y los otros dos ladrones avanzan cargando sus cruces entre el auditorio hacia la plataforma. Aunque se ve claramente el rostro de Salatiel, el segundo ladrón debe estar cabizbajo y golpeado al grado de ser irreconocible. Entre la procesión figuran las mujeres María Magdalena, Juana, Myrna, Roammi, y Jael, aunque se ven de lejos).

MARÍA MAGDALENA *(como consolando a Roammi).* —¡Ten ánimo, amiga! Aunque no se distinguen de lejos, me han confirmado que uno de los ladrones es tu esposo.

ROAMMI. —Sí… ya me di cuenta. Supongo que debiera decir que merece lo que le está por ocurrir… Pero, ahora que he conocido el gran amor de Jesús, ¡cómo lamento que mi esposo no pudiera tener un encuentro con él y experimentara su amor y perdón! ¡Pero ya es demasiado tarde!

MARÍA MAGDALENA. —Sí… lamentablemente ya es demasiado tarde para él… y para todos.

MYRNA. —María, ¿y el otro ladrón? ¡Está tan lejos y desfigurado! Tiene el físico de mi esposo pero está tan golpeado que no puedo reconocer su rostro, ¿o será que me estoy engañando a mí misma?

MARÍA MAGDALENA. —Lo siento, Myrna. Pero, ¿quién más sino él? ¡Si no se le despegaba a Salatiel!

MYRNA. —Es cierto… ¡oh! ¿Por qué no se acercaron a Jesús cuando aún había tiempo?

(Sigue la procesión. Jesús y los ladrones son crucificados. Se coloca el letrero: "Jesús, rey de los judíos" en la cruz de Jesús. La gente sigue burlándose).

LADRÓN DESCONOCIDO *(burlándose).* —Si tú eres el Cristo, sálvate a ti mismo y a nosotros.

SALATIEL. —¿Ni aun temes tú a Dios estando en la misma condenación? Nosotros, a la verdad, justamente padecemos, porque recibimos lo que merecieron nuestros hechos; mas este ningún mal hizo. *(Dirigiéndose a Jesús).* Acuérdate de mí cuando vengas en tu reino.

JESÚS. —De cierto te digo que hoy estarás conmigo en el paraíso.

ROAMMI *(entre la multitud)* —¡Gracias Dios! ¡Gracias Señor porque has permitido a mi esposo arrepentirse!

(Momento musical. Las luces deben enfocarse sólo en la cruz de Jesús).

JESÚS. —¡Consumado es! *(Muere).*

SÉPTIMO ACTO

Escenario: El huerto. Con fondo musical y sólo usando mímica mostrar a Jesús saliendo del sepulcro. Luego Jesús abandona el escenario. *(Luces y humo harán esta escena más espectacular).* ***Opción:*** Un segmento de una película donde se muestra la resurrección.

Después, también actuado, sin diálogos y con fondo musical, llegan las mujeres al sepulcro y no ven a Jesús. María Magdalena se va en otra dirección, como mostrando que no se da por vencida en la búsqueda, mientras que las demás mujeres se retiran con tristeza. De repente, aparece el ángel a las otras mujeres.

Personajes:

Ángeles (2)
Mujeres
María Magdalena
Jesús
Myrna
Eneas
Roammi

ÁNGEL. —¿Por qué buscan entre los muertos al que vive? Acuérdense que él mismo les anunció lo que iba ocurrir cuando dijo: "Es necesario que el Hijo del Hombre sea entregado en manos de hombres pecadores, y que sea crucificado, y resucite al tercer día".

MUJERES *(con asombro y alegría).* —¡Es cierto! ¡Es cierto! ¡Vayamos ahora mismo con los discípulos para avisarles de las buenas nuevas! *(Salen corriendo).*

(Reaparece María Magdalena en la escena. Sin saber lo ocurrido cae al suelo, llorando. Aparecen dos ángeles).

ÁNGEL. —Mujer, ¿por qué lloras?

MARÍA MAGDALENA. —Porque se han llevado a mi Señor y no sé dónde le han puesto.

(Aparece Jesús).

JESÚS. —Mujer, ¿por qué lloras? ¿A quién buscas?

MARÍA MAGDALENA *(impactada, cae de rodillas frente a él).* —¡Maestro!

(Luego de un momento, Jesús se va y ella corre a donde están las demás compartiendo las buenas nuevas. En medio de las demostraciones de alegría aparece Eneas. Todos lo miran asombrados).

MYRNA. —¡Eneas! ¡Te dábamos por muerto!

ENEAS. —Lo sé. Es que no me animaba a dar la cara por temor de que me atraparan.

MYRNA. —Pero cuéntanos. ¿Cómo es que vives?

ENEAS *(quebrantado)*. —¿Cómo les digo? La verdad es que sólo estoy vivo por cobarde. ¡Yo soy el que debió haber muerto en esa cruz… no Salatiel!

MYRNA. —¿Pero cómo?

ENEAS. —Nos enteramos de que llegaron unos judíos muy ricos que venían de Grecia cargados de joyas y otros objetos de valor que pretendían vender después de la Pascua. También supimos que habían dejado todo en una bodega hasta que terminaran las festividades. ¡Era la clase de botín con la cual sueña toda persona en nuestro "trabajo"! ¡Parecía demasiado fácil!

MARÍA MAGDALENA. —¿Y luego?

ENEAS. —Pues eso. ¡Me parecía demasiado bueno como para ser cierto! Además, desconfiaba de la manera en que se corrió la voz acerca del botín. Desde un principio tuve mis sospechas, pero Salatiel no. Él insistió en que fuéramos y al fin accedí a que nos acercáramos y viéramos el panorama antes de actuar. Entonces vimos que Barrabás también se estaba acercando.

MYRNA. —¡Tu rival de toda la vida!

ENEAS. —Sí, pero si yo lo odiaba… ¡Salatiel lo odiaba todavía más! Fue allí cuando él insistió en adelantarse. ¡Yo seguía lleno de sospechas de que fuera una trampa! ¡Aun se me ocurrió la posibilidad de que Barrabás fuera parte de la trampa! ¡Debí haberlo detenido! Pero no lo hice… Por pura avaricia y por no dejar a Barrabás salirse con la suya… dejé a Salatiel adelantarse. ¡Y, tal como pensé, era una trampa! *(Su voz se quebranta)*. Fue horrible ver cómo una multitud de soldados entró violentamente y, a golpes, tomó a varios presos. Inmediatamente me eché a correr y correr y correr... No sabía ni a donde. Sólo sabía que tenía que huir lo más lejos posible. ¡Fui un cobarde! ¡Un vil cobarde! ¡Yo quería a Salatiel como el hijo que nunca tuve, y miren lo que hice! *(Se pone a sollozar; luego mira a Roammi).* Hija, ¿me podrás perdonar? Ahora tu hijo se criará sin padre.

ROAMMI. —Papá… ¡te perdono! Además, ocurrió la cosa más increíble: ¡Salatiel no está muerto sino vivo!

ENEAS. —No, hija, no te engañes. Yo mismo lo vi crucificado.

MARÍA MAGDALENA. —Sí, Eneas. Pero cuando él estaba en la cruz junto a Jesús se arrepintió de todo lo que había hecho. ¡Y Jesús le prometió a Salatiel que estaría para siempre en el cielo con él!

ENEAS. —¿Pero cómo?

MARÍA MAGDALENA. —¡Es que por eso vino Jesús a la tierra y para eso se dejó crucificar! Para perdonar a los pecadores y darnos la oportunidad de vivir eternamente con él. Porque de tal manera amó Dios al mundo, que ha dado a su Hijo unigénito, para que todo aquel que en él cree no se pierda, mas tenga vida eterna.

ENEAS. —Pero… no creo que yo caiga adentro de esa promesa. ¡He sido demasiado vil toda la vida!

ROAMMI. —Papá…, si Jesús perdonó a Salatiel…

MYRNA. —Y Jesús, aun en agonía desde la cruz, le pidió a Dios que perdonara a la gente que lo estaba crucificando. Él está lleno de amor. ¡Él quiere perdonarte!

ENEAS *(con mucha expresión y mirando hacia el cielo).* —¡Dios! Todo esto me parece demasiado bueno para ser cierto. ¿Cómo me vas a perdonar a mí que toda la vida he sido de lo peor, que no he hecho nada de valor sino dañar y perjudicar a otros, comenzando con mi propia familia? Pero, Señor… si es así, te ruego: ¡perdóname! ¡Gracias por amarme lo suficiente como para enviar a tu Hijo a la cruz para salvarme a mí! Recíbeme, Señor. *(Termina postrado de rodillas rodeado por los demás. Debe ser muy dramático).*

El pastor u otra persona indicada entra sin interrupciones, explica el plan de salvación y hace una invitación.

MONÓLOGO PARA SEMANA SANTA

Waldemar Morales

Indicaciones generales:

- *Pedro:* Este discípulo del Señor es quien presenta el monólogo. Debe tener una voz muy expresiva. Puede estar caracterizado con vestimenta de la época.

- *Música:* Todos los cantos de los solistas son adaptados de diferentes cantatas y, sobre todo, de materiales publicados por Editorial Mundo Hispano / Casa Bautista de Publicaciones. Los que aquí se mencionan se lo hace a manera de sugerencia. Usted puede reemplazarlos por otros siempre que correspondan con el tema.

- *Proyecciones:* Hay escenas proyectadas de la película "La pasión de Jesucristo". Pueden usarse también escenas de la película "Jesús" o simplemente reemplazarlas con la narración del monólogo.

Música: Iniciar con fondo musical. Puede ser "La vía dolorosa".

PEDRO. —Todavía puedo recordar aquel día. Estábamos exhaustos; toda la noche pescando sin ningún resultado. Esa mañana, al regresar de la pesca, nos dedicamos con mis hermanos a remendar las redes y limpiarlas. Tal vez otro día tendríamos mejor suerte. De pronto vi cómo aquella figura se acercaba hacia donde yo estaba. No sé por qué razón en ese momento mi corazón dio un vuelco dentro de mí; sentí como si la presencia de alguien muy especial estuviera conmigo. Luego de cruzar unas palabras, me dijo con insistencia: "Pedro, ve al mar y echa de nuevo la red". Mi sorpresa fue grande: le había explicado que no pudimos pescar la noche anterior y, sin embargo, me decía que volviera al mar. Entonces le dije: "Señor, de día los peces huyen de la luz del sol; por esa razón pescamos de noche, y anoche fue una mala noche de pesca. Sin embargo, Señor, en tu nombre iré". Llamé a mis hermanos y nos hicimos a la mar. Y ¡oh, milagro!, de pronto nos dimos cuenta de que la red estaba completamente llena; los peces sobreabundaron. En ese momento supe que aquel hombre era alguien muy especial. Sentí que mis pecados resonaban en mi corazón y no podía estar frente a él. Al bajar del barco tuve que decirle: "Señor, soy hombre pecador; aléjate de mí por favor". Y él, con voz tierna, me dijo: "Pedro, desde hoy serás pescador de hombres".

Solo de canto: *(Puede ser un canto que se refiera a Pedro como pescador, o a Jesús como el buen pastor).*

PEDRO. —El tiempo pasó y el Señor formó un grupo al que llamó apóstoles. Yo fui uno de ellos. Pude ver en él la ternura y el amor: amaba a los niños, a los desamparados, a los enfermos, a los necesitados, a los pobres de espíritu. Sus enseñanzas eran tan profundas que nadie las podía discutir. Puedo recordar ahora aquellos momentos cuando se acercaban a él multitudes de hombres mujeres y niños, muchos de ellos enfermos, y mi Señor les amó tan profundamente como a ovejas que no tienen pastor. Recuerdo que una vez, en medio de la multitud, el Señor volteó intempestivamente y preguntó: "¿Quién me ha tocado?". Yo me sorprendí mucho y le dije: "Pero, Señor, ¿ves la multitud que te rodea apretujada y tú preguntas ¿quién me ha tocado?". Pero él me respondió: "Alguien me ha tocado porque sentí que de mí salía poder". Los discípulos nos miramos unos a otros, sorprendidos por aquella situación. De pronto, entre la multitud apareció una mujer asustada y sorprendida, como si la hubieran sorprendido en algo malo. Acercándose al maestro, se echó a sus pies y le dijo: "Señor, yo he sido quien tocó tu manto porque por muchos años he sufrido de una enfermedad que nadie ha podido curar. He visitado médicos y gastado todo mi dinero, pero no he logrado nada. Y hoy, al solo tocar tu manto, la sanidad ha venido a mí; soy libre de esta enfermedad". Jesús, entonces, le dijo: "Hija, tu fe te ha sanado, ve en paz". No la reprendió sino que, por el contrario, perdonó sus pecados y la sanó.

Solo de canto: "No hubo más a donde ir".

PEDRO. —Realmente estamos preocupados. Jesús se ha metido en problemas, ha discutido con los sacerdotes y maestros de la ley. Hoy llegamos a Jerusalén y fue impresionante ver a la multitud recibiendo a Jesús. Todos gritaban: "¡Hosanna, Hosanna al hijo de David!". La alegría nos contagió a todos; pero el Señor se dirigió al templo y, cuando vio a los mercaderes haciendo negocios, se disgustó tanto que los echó de ahí. Arrojó sus mercancías al suelo, y muchos juraron vengarse de él. Mi Señor les dijo: "Escrito está, mi casa es casa de oración y vosotros la habéis convertido en cueva de ladrones". Esto no le favorece al Maestro. Sí, realmente me preocupa.

Solo de canto: "Oh Jerusalén".

PEDRO. —Había un ambiente realmente pesado. Todos estábamos sentados alrededor de la mesa dispuestos a comer, listos para celebrar la Pascua y, aunque era día de fiesta, nuestros corazones estaban cargados y apesadumbrados. Todos teníamos la rara sensación de que algo terrible estaba por suceder; no sabíamos qué, simplemente esperábamos. De pronto, Jesús se puso de pie, bendijo el pan y dio gracias diciendo: "Tomad, comed, este es mi cuerpo que por vosotros es partido". Luego hizo lo mismo con la copa y dijo: "Bebed de ella todos, porque esto es mi sangre del nuevo pacto que por vosotros se derrama". Yo me quedé perplejo por aquellas palabras… ¿su cuerpo partido y su sangre derramada? En el momento siguiente se dirigió a nuestro compañero Judas, y este salió del lugar rápidamente.

Ninguno de nosotros se imaginó lo que iba a hacer hasta que vimos aquella multitud enardecida que vino por nuestro Maestro. ¡Qué noche tan terrible vivimos! Nuestro Maestro fue llevado para un juicio injusto. Aún puedo recordar el sonido de los golpes que recibió, y la condena para ser llevado a la cruz.

Escenas de la pasión: *(las escenas se proyectan mientras Pedro está relatando el último párrafo del bloque anterior y mientras la solista canta el siguiente solo).*

Solo de María: "Oh, Señor, toma mi Hijo".

PEDRO. —¡Qué desconsuelo para nosotros! Nuestro Señor había sido matado por manos de los romanos, y por llevar nuestros pecados. ¿Por qué tenía que morir así, derramando su sangre, sufriendo tanto? Y la gente que antes le aclamaba como rey, ¿por qué ahora le condena como malhechor?

Solo de canto: "En la cruz del Calvario".

PEDRO. —Ya han pasado tres días y hoy, precisamente, cuando las mujeres regresaron de visitar su tumba, nos trajeron una gran noticia. Lo que nos dijeron nos hace recordar la promesa que Jesús nos había hecho: "Porque es necesario que el Hijo del Hombre sea entregado en manos de pecadores pero al tercer día resucitaré". Sí, Jesús, el Mesías de Dios, murió en esa cruz, pero con su poder se levantó de la tumba. ¡Ha resucitado! ¡Jesús vive! Él está vivo hoy, y todavía muestra su amor para todos nosotros. Jesús nos invita a recibirle. Él quiere vivir en nuestra vida.

Canto coral final: "Mosaico de Resurrección".